從荷說起
漫遊荷蘭

文 — Nina・超大翻譯機　插圖・攝影 — Nina

隨筆細細品嘗荷蘭之美

如果你想到歐洲自助旅行或是第一次拜訪歐洲，面對眾多國家卻不知所措，那麼荷蘭是一個不錯的選擇。荷蘭人對於異國文化或事物，比起其他歐洲國家接受度較高，普遍來說，當地人對外國旅客也算是友善，且樂於協助。荷蘭人的語言天分好到幾乎人人都會說英文，猶如他們的第二母語，所以英文溝通在當地絕對不成問題，也不用過度擔心。

在荷蘭，不管對外或境內的交通都非常方便，風景也相當宜人，建築特色亦有別於其他歐洲國家。尤其是漫步在阿姆斯特丹穿梭運河間，兩岸的建築特色和運河景觀相互輝映，特別引人入勝。不論是在春、夏、秋、冬哪個季節，都別有一番風味，美不勝收。

風車、運河、鬱金香是大家對荷蘭的印象，但荷蘭就只有這些嗎？透過《從「荷」說起，漫遊荷蘭》這本書，不但可以多了解荷蘭這個國家，更可以讓自己的行程更加完美。此書不但可以獲取許多荷蘭的旅遊資訊，更能藉著 Nina 的文筆，來細細品嘗荷蘭之美，一起慢慢遊荷蘭。

愛玩客—歐洲瘋扁他陳 Panda Chan

計畫荷蘭旅遊行前必讀

　　認識 Nina 和「超大翻譯機」超過十年的時間，看著歷年來他們兩人在世界各地的旅遊足跡，真的是既精彩又豐富，堪稱專家級的旅人。收到 Nina 的邀請為這本書寫推薦序時，我剛好人在荷蘭，這樣的巧合更是讓我覺得非寫不可。

　　自己在旅居歐洲十多年間，也跑遍了多個國家。其中，荷蘭是我很喜歡、也來過許多次的地方。這裡不但風景優美宜人，治安方面也不用擔心。多元化的社會，直接反應在飲食及生活環境中。來到荷蘭，絕對不用擔心會吃不慣或吃不好。

　　Nina 的這本書，除了介紹大家耳熟能詳的阿姆斯特丹外，還囊括了現代化的鹿特丹、經典的馬斯垂克等等城市。最重要的是，連荷蘭好用的 APP、交通票券、及行程安排，都鉅細靡遺地描述，是計畫前來荷蘭旅遊的好幫手。

　　目前，台灣有荷航和華航直飛阿姆斯特丹的班機，要來荷蘭旅行非常便利。而且荷蘭境內的交通發達，不論是搭火車還是其他大眾運輸都很方便，大家趕緊計畫，來體驗這個美麗的國度吧！

愛玩客—Ricky 的瑞士山居歲月（www.facebook.com/reminsu）

老少咸宜的荷蘭旅遊書

　　猶記得第一次看到 Nina 阿姨的書，《Ciao! Ciao! 義大利》及《情迷捷克》時，媽媽跟我說這是 Nina 阿姨寫的，我非常驚訝！滿頭的「黑人問號」。因為我覺得 Nina 阿姨看起來根本不像作家，沒有架子，也沒有聽媽媽提過。

　　這些疑惑就在我翻開其中一本書的一瞬間便煙消雲散，裡面不僅圖文並茂，而且寫得文意流暢、輕鬆愜意，又引人入勝。我從沒見過有旅遊書寫成這樣！一般的旅遊書寫的是條列式、呆板又無趣；反觀 Nina 阿姨的書，不乏精彩及搞笑片段，博人會心一笑！因此，Nina 阿姨有了新書，我不僅期待，而且興奮！這絕對是一本老少咸宜的荷蘭旅遊書！

小粉絲—劉丞軒（仁美華德福國中小八年級生）

看過便愛上，猶如身歷其境

　　荷蘭對我來說，是一個既不熟悉也不陌生的國家，曾經造訪過卻沒有深處停留。這次藉由《從「荷」說起，漫遊荷蘭》這本書，讓我對荷蘭有更深一層的了解，也動搖了《Ciao！Ciao！義大利》在我心目中的地位。

　　Nina 阿姨的文筆有一種會讓人愛上的魔力，閱讀文字的同時，腦海會自動轉化成景象，宛如身歷其境。雖然不曾到訪過馬斯垂克，卻對那裡產生了無限的嚮往與憧憬。而阿姆斯特丹對我來說，是一個並未遊歷完全的城市，這本書讓我發現了更多值得造訪的景點特色，就連之前到過風車村的記憶，也如潮水般湧了上來，如此清晰又歷歷在目。

　　對我來說，最讓我傾心的還是荷蘭的歷史，這本書除了詳細地描寫景物的建築特色外，也針對各景點補充介紹了歷史背景或當地的趣聞，讓人更加了解當地文化，也讓我更喜愛這個國家。未來我還要再踏上荷蘭的土地，用雙腳遊歷這塊美麗又迷人的地方。

小粉絲—林孟潔（光明國中八年級生）

從「荷」說起

我知道我又突破了！

我知道在重新提筆之後，我寫作的靈魂又再一次豐富了，接收來自宇宙的訊息，捕捉瞬間閃過的靈感，化為隻字片語，也該～為「荷」而寫，從「荷」說起。

我喜歡以照片搭配文字，讓介紹不那麼乏味，但有時帶點神祕，讓讀者有無盡的想像空間，留待旅行時充滿「再發現」的新鮮感，倒也不乏樂趣。

寫作從來就不是一件輕鬆、容易的事！大學聯考時也沒有這麼認真地挑燈夜讀。

旅行時，當別人休息，還得忍受孤寂去記錄一切，也不能像在社群網站 Po 文那樣任性地信手拈來。於是就這樣成為一種孤獨的修行，而這也是人生中美好的歷練。

身在旅遊作家的行列中，從來不為證明自己多會寫，而是想將真切的感受帶給讀者，將自己記錄下的每一分感動，透過文字的傳遞，分享給每個在旅行中上了癮的人。至少，在不能出發旅行的日子裡，還能透過我的書去神遊。

從「荷」說起……，這趟旅程除了滿足一直以來對低地國的幻想，也見證了荷蘭人越挫越勇的精神。

他們——為了生存而與海爭地、填海造地。儘管家園受到無情戰火的摧殘，荷蘭人卻益發堅強，並鼓起勇氣砍掉重練，秉著「打斷筋骨顛倒勇」的精神，賦予城市新的生命、新的樣貌。經歷諸多挑戰而蛻變，成為懂得生活美學的夢想家。

我們——親眼看到「風車」本尊，親口嘗到「乳酪」滋味，親手觸摸中世紀的遺跡。

旅程中不可能事事順心如意，但凡走過必留下痕跡，經歷諸多挑戰亦蛻變，成為懂得放慢腳步的自在旅人。

這次是全家出動的首度歐洲自助旅行，期間學到最多的便是親子間的溝通，透過互相取景拍照、購物、認路、找資料而拉近彼此間的距離。偶有爭執，但回想起來，都是最美的回憶

專程為「荷」而來！不論大城小鎮全由自己安排，怎奈假期與時間有限，總是會留點遺憾。

但無妨！版圖可以一塊塊的建立，荷蘭的美，去一次、兩次是不夠的。We'll be back！相信在不久的將來，一定能把這塊拼圖圓滿完成。

Chapter 1

出發

1-1

荷蘭

閱讀荷蘭

正式國名	荷蘭王國 （Kingdom of the Netherlands）
地理位置	位處歐洲西北部，瀕臨北海與英國為鄰，南接比利時，東連德國
面　　積	約 42,437 平方公里
人　　口	約 1703 萬人
首　　都	阿姆斯特丹（Amsterdam）
語　　言	荷蘭語（但人民多通曉英文）
宗　　教	天主教 24.6%、新教 10.8% 無宗教信仰 51.3%、其他 13.3%
氣　　候	氣候溫和，屬溫帶海洋性氣候，冬溫夏涼且多雨。因迎北海岸風面，故天氣多變，雨具四季不可不備。氣候較臺灣乾燥，日夜溫差大。即便是在夏季前往旅行，為因應早晚的溫差，建議攜帶防寒外套與保溼乳液。
時　　差	臺灣時間減 7 小時，4 ～ 10 月（日光節約時間）則減 6 小時，即為當地時間。
貨　　幣	歐元（€）
電　　壓	230V（50 Hz），為雙圓頭插座

電　信	臺灣打至國外，國際識別碼（如 002）＋當地國碼（荷蘭 31）＋城市代碼（去 0）＋電話 國外打回臺灣，當地國際識別碼（荷蘭 00）＋臺灣國碼（886）＋城市代碼（去 0）＋電話
郵　資	寄明信片至歐洲境內費用為 €0.78，境外為 €1.33，費時約 1 ～ 2 周。

退稅

　　凡在歐洲境內掛有 Tax Free 標誌或於 Global Refund 的加盟店，於同一日及同一家商店購物達其退稅門檻，即可享有退稅優惠。辦理退稅的步驟如下：

憑蓋妥店章的退稅收據（GRC）於出境前，攜帶護照、登機證、商品、收據及退稅單（商品視其價值決定出示與否）至退稅處蓋章。若物品價值不高，可直接放入託運行李中，於辦理 check-in 時先說明，待貼上行李條後即可拖至退稅櫃臺，辦理退稅。旅客需自行填寫退稅單上的基本資料（含英文住址）並簽名，待檢視無誤後蓋章即完成手續，再將大行李託運即可。

漫遊資訊

退稅公司：Global Blue、Premier Tax Free、Easy Tax Free、Vatfree。
退稅門檻：消費達 €50。
退 稅 處：史基浦國際機場（Amsterdam Airport Schiphol，AMS）第三航站出境大廳
　　　　　（Depature 3）

退稅公司

史基浦國際機場
Airport Schiphol

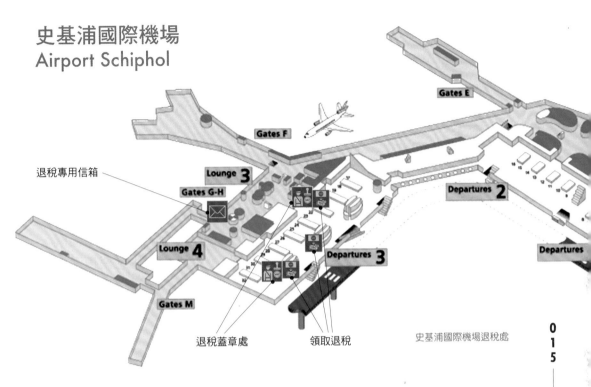

退稅專用信箱

Gates E

Gates F

Lounge 3

Gates G-H

Departures 2

Lounge 4

Departures 3

Departures

Gates M

退稅蓋章處　　　　　　領取退稅　　　　　史基浦國際機場退稅處

領取退稅　過海關後，持退稅單據至機場退稅中心（通常標示為 Cash / Tax Refund Office 或 Cash Point）領取現金（另扣手續費），或選擇匯入信用卡 / 銀行帳戶、支票退稅（約需二至三個月才能領到）。

漫遊筆記

　　每個國家的退稅門檻不同，退稅單在消費時便產生，故是以所在地的標準為主。如果行程不只單國進出者，則在離開歐盟的最後一個國家辦理退稅即可。例如在德國消費 €25 即達退稅門檻，在荷蘭離境時可辦理退稅。

　　各退稅公司的營業時間不同，若抵達機場櫃臺時已無人服務，就只能選擇信用卡退稅。務必將退稅單填寫完整，記得蓋好退稅章，連同商品收據放入信封並黏妥，將其投入櫃檯的退稅專用信箱即可。之後退稅公司會寄 e-mail，要求將護照資料上傳，並告知辦理流程，最遲二個月內會收到扣除手續費的退稅金額。

注意：退稅手續需在購物後三個月內提出申請，逾期無效。

1-2

行前準備

先決定旅行天數及路線規劃

一般來說，安排歐洲旅行最好設定十至十二天，若有更長的假期，就可以更深入當地。建議在規劃行程時，盡量以接駁時間寬裕為原則，以免遇到突發狀況時措手不及。

利用網路 APP 搜尋、比價→線上預定

拜 3C 科技所賜，出外旅行格外便利，透過手機就可以搜尋機票、住宿，還可設定價格即時更新的提醒。除了瀏覽各家平臺的優惠外，也要特別注意票價限制，通常特惠機票都是無法變更與修改，待確認後就可以直接刷卡購票。

決定想去的大城小鎮，再以交通距離決定住宿點。注意特定時間的節慶活動，例如乳酪市集，在荷蘭就有三處。

住宿部分以「免費取消」為優先考量，以因應未來行程上的變動，且大部分無需事先付款或是輸入信用卡資訊。

 漫遊資訊

旅外國人緊急服務專線：0800-085-095，國內免付費
國外需撥 +886-800-085-095
自付國際電話費用。

下載實用 APP

以交通與訂房網站為主。

預約來回機場接送

利用信用卡刷卡買機票的優惠方案，於出發前一個月上網申請。

機票與旅館訂房記錄

大多使用電子機票及網路訂房，可自行列印備用。

確認護照有效期限與辦理簽證

荷蘭屬申根公約國，持臺灣護照即可免簽進出。有效護照在旅行期間仍需具有 3 個月以上效期。

旅外國人急難救助全球免付費專線：00-886-800-0885-0885，是以當地申請之行動電話門號、公共電話或市話方式撥打；倘若以國內行動電話門號撥打，則須另自付國際漫遊電話費用。例如：荷蘭當地申請之門號撥打需付基本通話費。目前僅適用於 22 個國家或地區。

辦理歐洲申根旅平險

　　信用卡刷機票附的旅遊平安險，不足以支付海外就醫費用。歐洲經貿辦事處與外交部雖然不強制，但仍強烈建議在出國前辦理相關保險。可上網查詢辦理，務必申請英文投保證明，最快三天內就可以完成。一般旅遊十五天保費約一千五百至兩千元不等。

換匯

　　自行計算旅行所需花費，進行歐元兌換。在歐洲信用卡使用便利，無需攜帶太多現金。

財力證明

　　足夠維持旅遊期間的生活費。到銀行或郵局辦理英文版的財力證明，要備註護照英文名字。

護照＆二吋證件照

　　影印並隨身攜帶，以備不時之需。

 漫遊資訊

臺北駐荷蘭代表處（Taipei Representative Office in the Netherlands）

地址：Van Stolkweg 23, 2585 JM Den Haag, The Netherlands
電話：+31(0)702-503-000
受理時間：週一～五 9:30-12:30
急難救助：+31(0)654-948-849
如何前往：自海牙中央火車站 (Den Haag Centraal Station)，搭 61 號公車 (往 Scheveningen Noord 方向)，在「Prins Willemstraat」站下車後步行約 10 分鐘。因海牙地區道路經常維修或變更路線，建議先行查詢後再前往。

實用旅行 APP

機票比價網

　　Skyscanner、Webticket 旅遊便利網、Wego.com、Expedia 智遊網。透過搜尋，可以找到提供優惠價格的訂購網，從中自行選擇欲購買機票的網站。還可以事先儲存航班，設定價格調整通知，以便隨時掌握動態。不管是透過哪個平臺訂機票，在收到航空公司的訂位代號後，請自行至航空公司網站做訂位確認，以免產生不必要的糾紛。

訂房比價網

　　TripAdvisor 與 Wego.com 和 HotelsCombined 是時下較熱門的旅遊搜索引擎，同樣提供全球飯店訂房網的優惠比價，可自行選擇欲購網站。TripAdvisor 為國際性旅遊評論網站，除了全球飯店外，還提供景點、餐廳等旅遊相關資訊，包括互動性的旅遊論壇及來自各地的評價，值得參考。

訂房網站

　　Agoda、Booking.com、Expedia、Hotels.com、Hostelworld 等皆可查詢全球各類住宿，並提供不同幣別由使用者自行選擇，也包含當地實用資訊參考。我們此行全程使用 Booking.com 預訂，並順利完成行程。

Google Maps

透過搜尋可找出旅行路線、交通工具及接駁時間，透過它可以清楚知道搭什麼交通工具、轉乘、站數及到達時間，前提是必須連結網路。可預先下載離線地圖，即使沒有行動網路，仍可找到定位。建議在出國前，先將欲訪景點以符號或圖標儲存起來。

Google Trips（僅英文版）

整合 Google 地圖、信箱等功能，專為沒時間規劃行程者設計，不想動腦筋就動動手指吧！會自動連結 Gmail 中的機票訂位及訂房資訊，還可依個人需求規劃半／一日遊行程，就連找餐廳也很便利，可說是隨身的智慧型導遊。

Google 翻譯

在國外旅行時，有時會遇到看不懂的單字（例如在餐廳點餐），這時就派得上用場了。

9292（有英文版）

　　整合了荷蘭境內各種交通工具的接駁時間及票價查詢，可離線隨時查詢班次與費用，靠它就能走遍荷蘭。

NS Reisplanner Xtra（有英文版）

　　可查詢荷蘭境內交通的接駁時間及票價，並可線上購票。

SNCB Europe（有英文版）

　　查詢與預訂歐洲跨國火車票，如西北高速列車（Thalys）、歐洲之星（Eurostar）、法國高速列車（TGV）、城際特快列車（Intercity-Express，ICE）和城際列車（Intercity，IC）等。可離線查看或掃描已訂車票，還可設定優惠票價與時間的推播通知。

匯率計算機

　　可即時換算當地貨幣對臺幣的價格。

1-2-2 行程安排與規劃

早在五年前就有了旅行荷蘭的計畫，卻一直未能成行。買了一堆相關的旅遊書，看看照片過過癮，這麼瀏覽著，便對想去的城市有了更清晰的規劃。如果假期多一點，就可以更深入當地、放慢腳步、悠閒自在地旅行。

出發前四個月透過機票比價網，找到了理想的班機，無需透過旅行社或航空公司，直接就在網上預訂及買好票，還可先選位置。機票以電子機票型式寄到信箱，或直接存在手機中，也可選擇自行列印。

藉著旅遊書與網友的經驗分享，規劃出自己想走訪的鄉鎮城市。先利用國鐵網站查詢票價及「點對點」行駛時間，再調整兩點間的接駁與安排，便可定出路線。通常愈早訂，愈有機會買到優惠的高速火車票，不過僅止於路線已確定者，因為特惠票通常是不能夠取消、更改的。待行程最後確認後，就可以開始物色理想的旅館了。

這次全程住宿皆透過訂房 APP 搞定，可以免費取消、無手續費、無需先付費為優選名單，看到不錯的就可以先按下預訂，倘若變更行程，還有反悔的機會。同樣，愈早訂愈容易訂到優惠房價，記得要看清楚附加條件及免費取消期限。

透過訂房 APP 預約還有一個好處，就是可以先瀏覽地理位置、全球遊客的住宿評價及實際照片，甚至想提早入住，都可以透過訂房留言事先詢問，很快便會得到回覆。我們對此行的住宿點相當滿意，一家四口去旅行，住宿費用對我們來說就相對提高，又全程以公共交通為主，故民宿的地理位置及帶有廚房的公寓式住宿便為主要考量。

ZURICH INSURANCE (TAIWAN) LTD.
GLOBAL TRAVEL INSURANCE CERTIFICATE

July 14, 2016

This certificate is to certify Zurich Taiwan has issued insurance to the Named Insured insurance
affording such coverage as are indicated by specific Limit of Liability subject to the terms, conditions
and exclusions of the policy.

This policy is valid throughout all the Schengen area during the traveling period assured and
meets minimum coverage of EUR 30,000 pursuant to Article 15 of Visa Codex enforced on April 5,
2010. The 3rd party under the authorization of Zurich Taiwan will make direct settlement of
medical and emergency costs covered by the policy.

No. of Policy : 08010826 00002
Name of Applicant : 初碧華   Name of Policy : Global Tr
Nam   CHU, PI-HUA
                    202

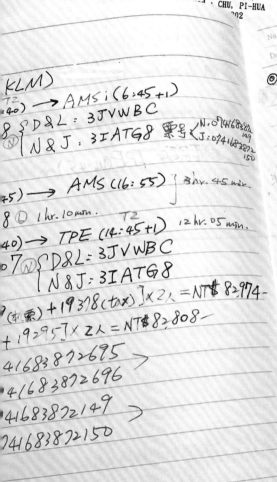

(KLM)
T2
40) → AMSi (6:45 +1)
8 { D&L : 3JVWBC
  { N&J : 3IATG8 票号 { N.0741683820 149
                       { J.0741683822 150

75) →   AMS (16:55)] 3 hr. 45 min.
8 ⓛ 1 hr. 10 min.   T2
40) → TPE (14:45 +1) 12 hr. 05 min.
7 Ⓝ { D&L : 3JVWBC
    { N&J : 3IATG8
(机票) + 19378 (tax)] × 2人 = NT$ 82,974-
+ 19,95] × 2人 = NT$ 82,808-

4168387 2695 →
4168387 2696
4168387 2149 →
74168387 2150

🪁 自製旅行筆記本

No. 3N. [阿姆斯特丹] Amsterdam (Mark. P.5 JTB-1
Date   (AMS)

◎交通: 7/18 (一)
△Amsterdam Airport Schiphol (AMS) → 市中 15
·Train (机場地下): 約 15-20 min. 24 hr. 10 分班
€ 7.1 / 1 class, € 4.2 / second.
可用 O.V.卡

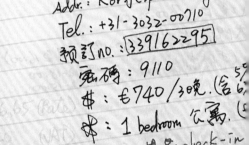

·Connexxion Schipol Hotel Shuttle:
櫃台近入境大廳 4 (€ 17/單, 6:00-21:0
由入境 hall 外的 A7 月台發車.
·Bus 197: 經萊登经. 到中央車站巴士總
→ 入境 hall 中央出口 → 經過 taxi 搭車場

◎住宿: July 18 (一) ~ 20 (三) 3晚.
  # Classic Centre Loft
  Addr.: Korsjespoorsteeg 13-15
  Tel.: +31 - 3032 - 00710
  预訂 no.: 3391622295
  電碼: 9110
  $: € 740 / 3晚. (含 5
  %: 1 bedroom 公寓. (5
     提早 check-in
     抵達机場 ca

便利的交通網

荷蘭鐵路連結全國大部分城市，由荷蘭國鐵公司（Nederlandse Spoorwegen，NS）營運，每小時至少四班車往來境內五大城市。一般列車於早上六點行駛至午夜，亦有夜車往來南荷蘭省（Zuid-Holland，如海牙、鹿特丹 (Rotterdam)、台夫特 (Delft)、豪達 (Gouda) 等）。如果想節省時間，就選擇搭飛機或火車去旅行，如果想節省費用，則可考慮搭乘長途巴士。

歐洲巴士　　　弗利克斯巴士　　　OUIBUS

行駛荷蘭境內的「普通」及「城際」列車，主要分為以下幾種：

普通列車（Sprinter）
相當於區間車，每站都停。

普通快車（Sneltrein 和 Stoptrein）
相當於臺灣的復興號，行駛於支線。

城際列車（IC）
如同臺灣的自強號，只停大站。

城際特快列車（ICE）
德國國際列車，行駛於法蘭克福－阿姆斯特丹、法蘭克福－布魯塞爾之間。

城際直達列車（Intercity Direct）
大多數是往來阿姆斯特丹和鹿特丹的火車，還有通過鹿特丹到布雷達（Breda）的火車。

搭火車漫遊荷蘭

單程票 **Enkele reis**	效期自啟用當日至隔天凌晨四點止。如果不常搭火車的話，可以選擇臨櫃或售票機購買一次性車票，票價為車資外加 €1 的車票材料費。
來回票 **Dagretour**	車資沒有折扣，效期同單程票。如果當天來回，建議購買來回票，可以省下 €1（原 €2）的材料費。
日 票 **Dagkaart**	當日可無限次數搭乘 NS 火車，二等車廂 €50.6、一等車廂 €85。
兒童票 **Railrunner**	優待四至十一歲，每人每日 €2.5，當日不限次數搭乘任何車種（Thalys 除外）。

月週末票（Weekend Vrij）

可於週五晚間六點半至隔週一凌晨四點搭乘境內任何火車，二等車廂 €33、一等車廂 €39。平日離峰時間（上午九點至下午四點及晚間六點半至隔日上午六點半）打六折，週五晚間六點半至隔週一凌晨四點可免費搭乘。可於 NS 櫃臺、線上購買，或加購於個人記名 OV 卡中，如 OV 卡使用期限少於八週，則可免費申請新卡，再行加購。

車票右下角 Toeslag 是外加的紙卡材料費

 漫遊筆記

在荷蘭境內所有大眾交通都可使用 APP「9292」查詢，包含轉乘、時間及車資。不論是上荷蘭國鐵網站或是使用「9292」查詢，所顯示的票價為使用 OV 卡價格，若是臨櫃或機器購買單次使用的單程 / 來回 / 一日等火車票，每張要多付 €1 的紙卡材料費（Toeslag）。

目前 NS 官網已開放外國人士線上刷卡購買電子車票，可省下紙卡材料費，是否需自行列印車票，端看官網規定。

另外，若欲搭乘 Intercity Direct 列車從史基浦機場前往鹿特丹，每人有 €2.4 附加費，持 OV 卡者除了要刷卡 check-in 外，切記必需刷紅色 Toeslag 卡柱（或事先機器購買 toeslag/supplement），否則查到罰款 €10。

團體單程票（Groepsretour）

　　四到七人同行，即可享此優惠，每增加一人加 €1.5，愈多人同行就愈划算（例如：四人 €30、五人 €31.5、六人 €33、七人 €34.5）。限搭乘二等車廂，並於平日離峰時段及週末假日使用（4 月 27 日國王節除外）。可搭乘 NS 以外的火車（大力士及歐洲之星除外），ICE、Ictercity Direct 需補差額，可至 NS 售票機、櫃臺或利用手機 APP-NS Reisplanner Xtra 加值。

　　團票中持有主票卡者，必需全程參與，其餘持有副票者，可於行程中任一車站上車，所有團員也必需坐在同一車廂內，若查獲持有主票者不在場，則此票券無效。因為票價優惠，所以限制也多，無法轉讓或退款，搭乘時必需持有護照以證明身分，僅提供線上購票，可使用手機 APP 購票與出示電子票券。

 漫遊資訊

荷蘭國鐵	跨國火車時刻查詢	飛達歐洲火車通行證	GOEURO

風車與乳酪市集的選擇

夏季，來到荷蘭，怎能錯過著名的乳酪市集與風車特產呢？但礙於行程與配合交通，以及開放時間的安排，總是要有所取捨，留點遺憾下次再來。

荷蘭著名的風車景點有兩處，分別是阿姆斯特丹近郊的「贊斯航斯風車村」及鹿特丹近郊的「小孩堤防」。

贊斯航斯風車村

為觀光化發展景點，除了幾座付費參觀的風車外，還有免費參觀的木鞋工坊、乳酪工坊及紀念品店等，距阿姆斯特丹約十五分鐘火車車程。（詳見本書第 104 頁相關介紹）

小孩堤防

屬寧靜風景區，距鹿特丹約一小時車程，目前保留的十九座風車，在夏季可供遊客參觀，或漫步或騎自行車在風車步道，欣賞這列入聯合國教科文組織的世界遺產。請事先查詢開放時間，避免白跑一趟。

從鹿特丹出發可以搭乘公車或水上巴士。如果選擇搭公車，可以在「鹿特丹 Zuidplein 站」搭 No. 90、93，至 De Klok, Kinderdijk 站下，車程約五十分鐘。

贊斯航斯風車村

　　若選擇搭乘水上巴士（Waterbus），則在鹿特丹天鵝橋碼頭（Erasmusbrug）
出發。搭 20 號至 Ridderkerk, De Schans 站下，再轉五分鐘渡輪到目的地
（Kinderdijk, Veer Molenkade），船程約四十分鐘。五到十月增開 202 號
路線，可直達目的地（Kinderdijk, Veer Molenkade），船程約三十分鐘。

荷蘭有三處著名的乳酪市集，分別在不同時間舉辦，穿著各種裝扮的乳酪搬運工，依古法進行乳酪交易，是個充滿趣味的活動。周邊攤位可試吃與選購價廉物美的各式乳酪。

艾登乳酪市集（Edam Cheese Market）

每年在夏季舉辦僅八場的白天市集，穿著傳統打扮的搬運工在小船上、市集裡進行乳酪交易。（詳見第 94 頁）

豪達乳酪市集（Gouda Cheese Market）

為歷史超過三百年之久的傳統乳酪市集，至今每逢市集日（四到八月之間中的每週四），酪農便會帶著自家生產的乳酪前來共襄盛舉。

時間是從早上十點到中午十二點半。可以搭乘火車從鹿特丹或海牙的中央車站出發，每小時約五班直達，車程約十八分鐘。詳細資訊可參閱網址。

阿克馬乳酪市集（Alkmaar Cheese Market）

自西元 1939 年以來，阿克馬是荷蘭唯一一個仍以傳統方式進行乳酪貿易的城市，每年約有三十萬人前來觀賞傳統的交易活動。特別的是，除了白天市集外，還有燈火通明的夜間市集。

市集在四到九月之間的每週五舉行，從上午十點到下午一點，不定期於週二晚間七點到九點，舉辦特別的乳酪夜市。

想參與盛會可以搭乘火車，從阿姆斯特丹中央車站出發，每小時約四班直達，車程約三十四分鐘。詳細資訊可參閱網址。

漫遊筆記

每逢 4 月 27 日及 5 月 25 日的特定節日會休市，乳酪夜市舉行日期則每年變動，出發前記得上網確認。

1-3

抵達當地

　　經過周延的行前準備，終於展開旅程進而抵達當地之際，首要任務就是先辦好下列幾件重要的小事。

購買交通卡

　　OV-chipkaart，類似臺灣悠遊卡，可搭乘荷蘭境內交通，再依停留天數計算儲值金額。

辦一張漫遊電話卡

　　在史基浦國際機場或是到市中心時，先辦一張漫遊電話卡，可以隨時查詢地圖、交通時刻，甚至是與民宿／旅館聯繫，洽詢是否可以提早入住。

寄放行李

　　依可入住時間，決定是否先在火車站寄放行李。

預購參觀票券

　　停留阿姆斯特丹期間，若有想造訪的博物館、美術館、運河遊船或其他需要購票地點，皆可事先到票券出售中心選購，或是搭配行程購買旅遊卡，皆可享有不錯的折扣。

站內自助式寄物櫃

寄物櫃	中央火車站 Centraal Station, CS	Lock	Drop & Go	Easydrop
地 址		Nieuwe Nieuwstraat 28	Prins Hendrikkade 86	Droogbak 9
交 通	火車站內	距 CS 步行約 700m。 或搭 4、9、16 號路面電車至 Damrak 站下。	距 CS 步行約 300m。出站後左轉，往大教堂方向前進，穿過大橋看到 Batavia 咖啡館便是。	距 CS 步行約 600m。出站後右轉，穿過 Westelijke 大橋，再右轉直行約 350m。
營業時間	5:00-00:45	9:00-22:00	9:00-22:00	9:00-20:00
費 用	小 €7 大 €10	小 €5 中 €8 大 €10		
備 註	1. 自助式寄物櫃。 2. 費用以 24 小時計，上限 9 天。 3. 只收信用卡。 注意：部分信用卡必須輸入四位數密碼才可使用。			
網站連結				

1-3-1 一卡在手玩遍荷蘭，境內購票超簡單

在擁有廣泛鐵路網的荷蘭，搭火車是一種舒適的旅行方式。由於國土面積不大，鐵路交通發達，從阿姆斯特丹只需三十分鐘就可抵達烏特勒支（Utrecht），三十分鐘就到海牙，甚至最南的馬斯垂克也僅需二個小時。換句話說，坐火車就能發現荷蘭之美。如果在旅程中會頻繁地使用火車，那麼建議購買 OV-chipkaart，不但省去排隊買票時間，還可省下人工手續費。

OV-chipkaart（簡稱 OV 卡）是由阿姆斯特丹的交通公司 GVB 所發行的交通卡，可搭乘荷蘭境內的地鐵、路面電車、火車、巴士及渡輪，效期五年。分為個人記名（personal OV-chipkaart）和匿名（anonymous OV-chipkaart）兩種型式，後者多為遊客使用。有點類似臺灣的悠遊卡，如果行程中有轉乘或使用不同的交通工具，有這張卡就不用擔心購票問題，唯需注意卡片中的餘額是否足夠。

設有匣門的感應式刷卡機

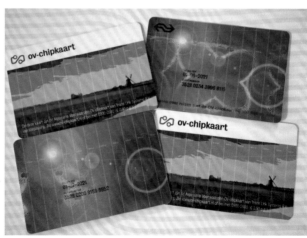
匿名 OV 卡

購買地點與儲值方式

在史基浦國際機場、地鐵站、NS 火車站都買的到，建議使用人工櫃臺購買或儲值，以現金付款不收手續費。如使用 NS 站內的自動售票機刷卡購買，則會收取手續費（地鐵站除外）。如果需要搭乘火車，則可在櫃臺購卡時，一併請站務人員開通搭火車功能。

即便是在 NS 售票機上購卡，一樣要選擇「Subscribe to NS」及設定一等或二等車廂後，才算開通搭火車功能。沒有開通者，即便刷卡搭火車也會被視為逃票。儲值金額則依搭乘次數及路線而定，最高可一次儲值 €150。

火車月臺上的刷卡機

售價

空卡 €7.5，此為卡片材料費，第一次購買即收取，不可退，也不計入儲值金。儲值（Top up）的金額或餘額是可以退回的，只是要扣 €1 手續費，€30 以下可直接到櫃臺辦理退款，超過就必需填寫表單，大約十五天後退回帳戶。

顯示可搭乘二等車廂的票卡資訊

使用方式

上下車均需刷卡（在機器上感應），上車刷卡（check-in）時會預

設有匣門的感應式刷卡機

扣乘車費，正常會出現綠燈及蜂鳴嗶聲，可從螢幕上看到預扣車資全額，於下車刷卡（check-out）後，會將多收車資退回，螢幕上會顯示實際搭程車資，顯示速度很快，需留意。若卡片餘額不足，則會出現紅燈及異常嗶聲，勿心存僥倖，逃票將重罰。

注意事項

乘車前必需先確認卡片餘額是否足夠，因機器無法得知遊客的旅程距離，故會預扣乘車費用：公車、電車、地鐵為 €4，NS 火車則為 €20，餘額不足將被視為逃票。下車時若忘了刷卡，可在三十分鐘內補刷，或在線上（www.uitcheckgemist.nl）填單後，拿著卡片到機器選擇「pick up order」功能就能討回多扣金額，若遇特殊狀況無法處理，就只能求助櫃臺人員了。

公車上的刷卡機

刷卡正常會出現綠燈及蜂鳴嗶聲

種類	藍色標誌	黃色標誌	閘門邊
圖示			
特徵	機器最上方的藍色區塊中顯示 NS 標誌，每個車站至少有一臺。	機器最上方的黃色標誌上顯示 "OV-chipkaarthouders"，僅限於使用與 OV 卡相關業務。	這臺售票機在車站已越來越普遍，倘若在閘口 check-in 時發現餘額不足，則可在閘門邊這臺機器上辦理儲值。
功能	1. 購買一次性使用票卡 2. 購買匿名 OV 卡 3. 購買國際車票 4. 儲值 5. 領取／終止卡務 6. 變更車廂等級 7. 查詢 OV 卡的記錄及金額 8. 硬幣付款	1. 儲值 2. 領取／終止卡務 3. 變更車廂等級 4. 查詢 OV 卡的記錄及金額 5. Debit 卡或信用卡付款	1. 儲值 2. 查詢 OV 卡的記錄及金額 3. Debit 卡或信用卡付款 4. 針對殘疾乘客設計特殊按鈕

查詢方法

若想知道卡片餘額，可利用 NS 售票機查詢。提供英文介面，操作便利。儲值前需注意提供的付款方式，一般會顯示在螢幕下方，部分信用卡需輸入四位數密碼，建議出國前先與發卡銀行確認。

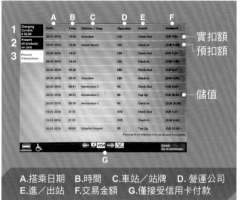

	A	B	C	D	E	F
1 Charging Current: € 32.30	Date	Time	Station / Stop	Operator	Event	Amount
2 Present all products on card	20-07-2016	19:00	Veendam	EBS	Check-Out	EUR 4.82
	20-07-2016	18:26	Sneek-Noord	EBS	Check-In	EUR 4.00
3 Present transactions	20-07-2016	14:37		EBS	Check-Out	EUR 1.64
	20-07-2016	14:34		EBS	Check-In	EUR 4.00
	20-07-2016	09:28		EBS	Check-Out	EUR 4.65
	20-07-2016	08:45	Veendam	EBS	Check-In	EUR 4.00
	20-07-2016	08:41	Amsterdam C	NS	Check-Out	EUR 0.00
	20-07-2016	08:41	Amsterdam C	NS	Top Up	EUR 20.00
	20-07-2016	08:39	Amsterdam C	NS	Check-In	EUR 20.00
	19-07-2016	21:31		GVB	Check-Out	EUR 1.07
	19-07-2016	21:25		GVB	Check-In	EUR 4.00
	18-07-2016	08:00	Schiphol Airport	NS	Top Up	EUR 50.00

實扣額
預扣額

儲值

G

A.搭乘日期　B.時間　C.車站／站牌　D. 營運公司
E.進／出站　F.交易金額　G.僅接受信用卡付款

查詢頁面

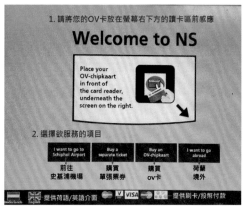

1. 請將您的OV卡放在螢幕右下方的讀卡區前感應

Welcome to NS

Place your
OV-chipkaart
in front of
the card reader,
underneath the
screen on the right.

2. 選擇欲服務的項目

I want to go to Schiphol Airport	Buy a separate ticket	Buy an OV-chipkaart	I want to go abroad
前往 史基浦機場	購買 單張票券	購買 ov卡	荷蘭 境外

Nederlands　English 提供荷語/英語介面　提供刷卡/投幣付款

黃色售票機介面

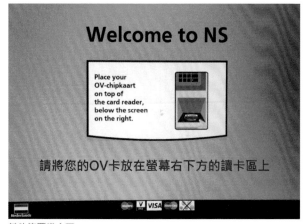

Welcome to NS

Place your
OV-chipkaart
on top of
the card reader,
below the screen
on the right.

請將您的OV卡放在螢幕右下方的讀卡區上

其他售票機介面

漫遊筆記

　　NS 開放使用國外信用卡這件事對觀光客來說，是項便民的友善政策，不用擔心 OV 卡餘額是否足夠預扣乘車費，也不用為了儲值或退款而傷腦筋。以信用卡線上購票，還可省下票卡材料費（但國外刷卡手續費另計，每家收取額度不同，可先詢問發卡銀行），只要下載電子票券 QR code，於進入月臺前掃瞄即可，省時省錢便利又快速。

　　強烈建議下載安裝 NS 的 APP（NS Reisplanner Xtra），不但可以查詢班表，購買的火車票可直接將電子票券的 QR code 下載到 APP 中。NS 也時常推出限時優惠票，有事沒事就逛逛官網，說不定可以省下更多交通費。

Phone Point 通訊行

1-3-2 手機漫遊的便利性

在科技發達快速變遷的時代，人手一機是很普遍的旅行方式，走到哪就打卡到哪，再加上旅遊 APP，似乎離不開它，而且僅靠店家或旅館的 WiFi 功能，已不能滿足旅人上網的需求，於是租借 WiFi 分享器及購買易付卡便成了出國前必搜的實用資訊之一。至於要向哪個通訊行租用或購買，那就要自行做功課了。

當飛機抵達荷蘭阿姆斯特丹，在機場遍尋不著網上推薦的 Lebara 的攤車，而店面的價格實在是貴了些，遂決定前往市中心。通常都是一早抵達的班機，距離旅館入住還有空檔，可以找找另一家通訊行。

在中央火車站外可以搜尋到免費的市區 WiFi，雖然速度不快，但可以應急。很幸運地，這次也讓我們找到了 Phone Point 這家通訊行。沿著車站前方的 Damrak 路走，經過麥當勞後會看到轉角一家匯兌商店，從旁邊巷子走入便可找到粉色招牌的通訊行。

店鋪不大，老板口音有點重，其實人還不錯，首先你要把上網或是打電話的需求告訴他，他會遞上一張價目表提供參考，如果不懂，就直接告知是要上網用，還是上網加打電話。決定後，只要把手機拿給他設定即可。

由於是購買荷蘭 SIM 卡，所以會取出原手機中的卡片，記得保留好，弄丟回臺灣就得再花一筆錢了。記得要請老板幫忙開通，大概是遇多了中文手機，竟然三兩下就設定好了，順道請老板撥通電話給旅館（以確認開通成功），一切搞定後，就可以悠遊荷蘭了！

 漫遊資訊

Phone Point

地址：Haringpakkerssteeg 2-4, 1012 LR Amsterdam, The Netherlands
電話：+31(0)204-209-106
營業時間：週一～日 9:00-22:00
交通：自阿姆斯特丹中央火車站步行約 300 公尺。

 漫遊筆記

SIM 卡免費，不需護照登記，不能跨國使用，依付費方案決定是否可分享熱點。

1-4

哪裡買紀念品與
伴手禮最經濟實惠

尋寶也是旅行的樂趣之一。荷蘭最具特色的代表便是木鞋系列商品，還有優美的台夫特藍陶、國民甜點焦糖煎餅、不可錯過的各式乳酪，都等著旅人來挖掘。以下提供紀念品專賣店及各大連鎖商店給大家參考。

辛格花市（Bloemenmarkt）

雖為花市，但也販售特色紀念品，選擇多樣，價格實惠。

亞伯特市集（Albert Cuypmarkt）

自西元 1905 年至今，擁有二百五十個以上的攤位，周邊異國商店林立，可說是最受人青睞的觀光市集。

水壩廣場紀念品專賣店（Dam Square Souvenirs）：

每日上午九點至晚間十點營業，位於 Dam 17, 1012 JS Amsterdam。

木鞋工坊（Wooden Shoe Workshop Kooijman）

展示從古至今為各種場合所製作的木鞋精品，現場有專人講解木鞋製作過程，並販售各式各樣紀念品，價格合理，值得選購。每日上午八點至晚間六點營業，位於 Kraaienest 4, 1509 AZ Zaandam。

辛格花市

亞伯特市集

木鞋工坊

紀念品專賣店（Orse Ket Aan't Glop）

門口及櫥窗裡的可愛米菲兔，相當吸睛，來自荷蘭製造的價格自然不親民，但不用跑到米菲兔的故鄉（烏特勒支）就可以收藏。週二到週日的上午十點半至下午五點營業，位於 Kalverringdijk 21, 1509 BT Zaandam。

紀念品專賣店

Albert Heijn 超市

在各大火車站商場皆有據點，似臺灣的便利商店。有些超市的咖啡機採自助投幣，部分商家還提供免費咖啡，可說是遊客的好夥伴。自助式的現榨柳橙汁很好喝，價格依容量來分，大瓶裝可多人分享，真是夏天的良伴。每日上午八點到晚間十點營業。

火車站內的 Albert Heijn 超市

JUMBO 超市

屬於大型超市，通常上午七點就開始營業，不論生或熟食，應有盡有。

SPAR 超市

屬於小型超市，價格比前兩家高一些。

HEMA 百貨

部分大型百貨結合了家具、服飾、食品等，在各大火車站商場皆有小型超市。

HEMA 超市

DEEN 超市

分布在阿姆斯特丹以北的區域，大部分位於郊區。

DEEN 超市

1-5

荷蘭航空初體驗

荷蘭皇家航空（Koninklijke Luchtvaart Maatschappij，簡稱 KLM），子公司荷蘭亞洲航空（KLM Asia，荷亞航）是目前唯一一家飛航臺灣的歐籍航空公司，其外觀塗裝大致與一般的荷航機隊相同，只是機尾垂直尾翼上的皇冠標誌及機身改為「Asia」字樣，並在機身以中文寫上「荷蘭亞洲航空公司」。

直飛

每日有定期航線往返臺北到阿姆斯特丹，自荷航停止中停曼谷後，對臺灣旅客而言，往返各賺到約三、四個小時，但事實上是多了一段從臺北到馬尼拉的航線，也就無怪乎會有菲籍空服員了。

啟程

這是首次搭乘荷航前往歐洲，直飛它的大本營：阿姆斯特丹。說起來還真有趣，遲遲未選擇這家航空公司，其實皆因朋友們遇到的延遲或是掉行李事件，但為了可以直飛，決定試試。於是懷著些許期待及忐忑的心，踏上這段歐盟旅程。幸運的是，所有壞預想都沒有發生在我們身上。

荷航目前在機場推廣自助 check-in 服務，不論是持護照、或訂位號碼、或哩程會員卡（以上擇一），即可於航空公司櫃臺旁的機器辦理列印登機證及行李條，然後將行李貼妥行李條後，直接到櫃臺掛行李，可以省下排隊時間。機器皆提供繁體中文服務，不用擔心使用問題，倘若使用此服務的遊客變多了，則掛行李仍得排隊，就不一定省時了。

荷航班機

機上設計

　　經濟艙比想像中寬敞舒適，座位間隔頗大，不僅椅背厚度變薄，將雜誌放置處向上提，讓腿部多了伸展的空間。九吋的個人觸碰式螢幕有支援中文介面，且大多數新電影都支援繁體中文字

自助 check-in 機器

幕。貼心的是，在螢幕下方設有 USB 充電插槽及耳機孔，座椅底下也有國際插座可以使用，對 3C 族來說，便利至極。

雖然機上娛樂在登機後便可使用，但必需等到起飛後，空服員才會發下耳機，當然也可自備，肯定音質更佳。

荷蘭特有的青花瓷，在 KLM 上隨處可見，機上的飛安解說影片，就以可愛的青花瓷瓷磚來表現。還有餐車、餐盤及杯具等。令 Nina 驚豔的是餐盤設計，荷蘭風車融入瓷盤圖樣，杯子、沙拉及水果的透明塑膠蓋上都有象徵荷蘭元素的立體圖樣，就連紙杯也充滿荷蘭風。

美味料理及親切服務

荷航非常大器，酒水都給一整瓶。我們入境隨俗，選擇先來瓶海尼根消消暑！而且送餐與送飲料同步，節省不少時間，餐點內容可事先參閱螢幕菜單。空服員的服務態度頗佳，機上料理也合乎水準，整體來說，我們很滿意這趟飛行旅程。

荷航耳機

令人驚豔的餐盤設計

美味可口的餐點

機上提供的紅酒

1-6

從機場到市區

史基浦國際機場的一樓是入境大廳、二樓是出境大廳。如果停留荷蘭期間會經常使用大眾交通工具者，建議直接購買 OV 卡會比較划算。從機場前往市中心有以下幾種方式：

火車

機場的下方即是火車站，可利用售票櫃臺或售票機購票。機場往返阿姆斯特丹中央火車站的班次非常密集，車程約十五～二十分鐘，單程每人 €7.2 / 頭等，€4.3 / 二等（若使用單次票券，需另加 €1 紙本費）。

火車站位於航站大廳中央的史基浦廣場（Schiphol Plaza），記得一定要先在刷卡機上嗶卡後，再搭乘電梯或手扶梯往下至月臺候車，抵達目的地出站前，也要記得再嗶卡。

前往阿姆斯特丹中央火車站的班次相當密集

阿姆斯特丹機場快捷巴士（Amsterdam Airport Express）

可以搭乘 bus 397，單程 €5，來回 €10（不限當日，可刷卡）。於月臺旁的 Info & Ticket 紅色小巴窗口購票。途經市中心的博物館廣場（Museumplein）、國家博物館（Rijksmuseum）、萊茲廣場（Leidseplein），終點為 Elandsgracht 巴士站，車程約三十分鐘。

線上購買電子票券可享單程九五折 / 來回九折優惠，票卡不可退換。

Schiphol Hotel Shuttle

往返機場與合作飯店，每人單程票價 €17，三人以上、十五歲以下、買來回票皆有折扣。每日早上六點到晚間九點行駛，每小時一班，空位售完為止，建議提前預約購買。

巴士站牌位於 Arrival Hall 4，沿著「Amsterdam Shuttle Desk」指標走即可。

市區交通票券

在阿姆斯特丹除了步行外，搭乘由 GVB 營運的大眾交通工具最為便捷，包括路面電車、巴士、地鐵、渡輪等運輸系統。以路面電車最為廣泛使用，停靠主要景點。而交通票卡中，除了前篇介紹的 OV 卡外，另有下列選項：

市區交通票券一覽

票　種	價　格	效　期	購票地點	注意事項
單次票（1uur）	€3	首次嗶卡後 1 小時內	車上（僅限單次及 1 日券，且只收信用卡） 其餘票種在 GVB 售票處、地鐵售票機、遊客中心	依購買時（天）數可無限次搭乘 GVB 營運的交通工具 自行車券則每日另加 €1.7
阿姆斯特丹旅遊卡（ATT）Amsterdam Travel Ticket	1 日 €16 2 日 €21 3 日 €26	自首次使用至隔日凌晨 4:00 止	機場 NS 及 AKO Kiosk 櫃臺（24 小時） 第二航站入境大廳售票櫃臺（7:00～22:00） 機場外 B9 巴士月臺（8:30～17:30）	可無限次搭乘 GVB 營運的交通工具，還包括 NS 火車二等艙、機場快捷巴士，範圍涵蓋從史基浦國際機場到市區任一火車站

市區交通票券一覽

票種	價格	效期	購票地點	注意事項
GVB Day Pass	24 小時票（1 日券）€8 48 小時票（2 日券）€13.5 72 小時票（3 日券）€19 96 小時票（4 日券）€24.5 120 小時票（5 日券）€29.5 144 小時票（6 日券）€33.5 168 小時票（7 日券）€36.5	首次嗶卡後開始計算	車上（僅限單次及 1 日券，且只收信用卡） 其餘票種在 GVB 售票處、地鐵售票機、遊客中心	依購買時（天）數可無限次搭乘 GVB 營運的交通工具 自行車券則每日另加 €1.7
阿姆斯特丹城市卡 I amsterdam City Card	24 小時票（1 日券）€60 48 小時票（2 日券）€80 72 小時票（3 日券）€95 96 小時票（4 日券）€105		GVB 售票處、遊客中心、運河遊船售票亭、各大飯店 可線上訂購，當地取票	依購買時（天）數可無限次搭乘 GVB 營運的交通工具。

GVB 營運的路面電車

單車是便捷的交通工具　　　　　　　　　　　租車公司

　　來到荷蘭不妨向隨處可見的單車租借公司租輛單車，體驗便捷的國民交通工具。特別提醒，荷蘭單車的剎車系統分為手剎與足剎，後者租借價格比較便宜，但國人在使用上比較陌生，建議租借前試騎並確認零配件可正常使用。

　　此外，鑒於單車失竊率高，務必租用大鎖及加保失竊險。租金依據車種與租借時間長短而不同，一般加了保險的行情，大約 3 小時 €10 起，一日 €13 起。大型的租車行還有提供寄物及單車行程，但要事先預約。如持有「阿姆斯特丹城市卡」還可在以下三家享有 25% 的折扣：

A-Bike

地　址：Rokin 105A（水壩廣場）、Tesselschadestraat 1E
　　　　（Vondelpark 馮德爾公園）
時　間：09:00-21:00（馮德爾公園店：一～四至 18:00、五～
　　　　日同前）

Yellow Bike：

地址：Nieuwezijds Kolk 29
時間：09:30-17:00

MacBike：

地址：Oosterdokskade 151-1（中央車站）、
De Ruijterkade 34（中央車站）、
Waterlooplein 199（滑鐵
盧廣場）、Weteringschans
2（萊茲廣場）、Overtoom
45（馮德爾公園）

時間：09:00-17:45

 漫遊資訊

除了市區交通外，若旅遊範圍再往外擴展，還有以下票種提供選擇。但無論使用那種票券，上下車或是進出站都要感應票卡喔！

票　　種	價　　格	效　　期	可用範圍	購票地點	注意事項
Tourist Day Ticket	€13.5	以日計算，非以時計算	南荷蘭省的鹿特丹、小孩堤防、海牙、台夫特、豪達、庫肯霍夫（Keukenhof）、多德雷赫特（Dordrecht）、萊頓（Leiden）	各地旅遊諮詢中心	可無限次搭乘由 Arriva、Connexxion、HTM、HTMbuzz、RET、Veolia 等公司營運的交通工具 無法使用於火車、Fast 渡輪、Driehoeksveer 渡輪、夜間巴士及 195 及 295 號巴士
阿姆斯特丹及區域旅遊卡（ARTT）Amsterdam and Region Travel Ticket	1 日 €18.5 2 日 €26 3 日 €33.5	自首次使用至隔日凌晨 4:00 止	涵蓋史基浦國際機場、庫肯霍夫、北海漁村、贊斯航斯風車村	各地旅遊諮詢中心、機場內的售票機、Connexxion 櫃臺、GVB 和 EBS 售票機或服務櫃臺	可無限次搭乘市區及郊區的所有交通工具，包含火車、機場快捷巴士、以及 GVB 或 EBS 公司營運的所有交通工具 但不包括較遠的羊角村、阿克馬及往來福倫丹到馬肯的渡輪

Chapter 2

漫遊北荷蘭
大城小鎮

　　本書是將荷蘭區分為北中南三個區塊來作介紹，而非省分。阿姆斯特丹以北的城市規納在北荷蘭篇章。這張地圖已清楚標示出這些城鎮的地理位置。

　　不同的季節到訪有不同玩法，我們是在夏季到訪，已非鬱金香花季，所以庫肯霍夫就不在旅行路徑中。以阿姆斯特丹為定點，只要交通安排得宜，便可規劃放射線地來回遊玩周邊城鎮。

Edam

Zaanse Schans

Amsterdam

Netherlands

Rotterdam

Maastricht

運河畔的國家博物館

44

2-1 阿姆斯特丹

北荷蘭第一站

位於北荷蘭省的阿姆斯特丹 (Amsterdam，以下簡稱 AMS)，其名源自於十三世紀的漁村，村民曾在附近的阿姆斯特爾河（Amstel）上建築水壩（dam），也就是現今的水壩廣場，因此而得名。

而歷史上的「黃金時代」是在十七世紀時開始蓬勃發展，AMS 已是當時世界上最重要的港口，也是金融與鑽石的中心。十九至二十世紀不斷地擴展，形成許多街區與近郊住宅區。

如今不但是荷蘭重要的金融和文化首都，更是荷蘭最大的城市，許多知名大企業將總部設立於此。此地歷經了從漁村到國際化大都市的發展過程，還有世界大戰的洗禮，滿載著輝煌與滄桑，如此豐富的歷史痕跡，無怪乎每年會吸引好幾百萬遊客來此觀光。

光是在 AMS 就有許多旅遊景點，大小交織且歷史悠久的美麗運河網，滿載著歷史文化與藝術建築，像是國家博物館、梵谷博物館（Van Gogh Museum）、安妮之家（Anne Frank Huis）、特有的紅燈區與合法的大麻咖啡館（Coffee Shop）等等，全都等著旅人來探索。

幸運的我們，能在不同的季節造訪，感受到這裡的夏暖、冬寒，看到點綴夏季的繽紛色彩，也看到蕭瑟枝椏背後清晰的建築輪廓。

2-1-1 細賞運河景觀與建築文化

　　提到 AMS 便讓人想到美麗的運河景緻及建築的歷史文化，要細賞得靠雙腳，就從中央火車站開始漫遊吧！這座結合哥德式與文藝復興式的磚紅色火車站，每日乘載著二、三十萬來自世界各地的旅客，無論是搭乘市區地鐵、前往境內或境外的巴士，都要走進這棟美麗的建築。

　　車站外的風景也不遑多讓，運河與船隻、熙來攘往的人群、穿梭在馬路上的電車…，映入眼簾的盡是繁華城市景緻。站前這條筆直的達姆拉克大街（Damrak）是通往水壩廣場的主要道路，其東側為著名的紅燈區，往南即是滑鐵盧廣場。

AMS 中央火車站

達姆拉克大街上有許多商店、餐館、旅行社，熱鬧非凡。離中央車站不遠處有一棟性博物館（Sex Museum），在這個思想前衛又開放的國度其實並不奇怪，但似乎大家都只是好奇的站在門口觀望，鮮少有人付費參觀。博物館正對著遊覽運河船的搭乘碼頭，初來乍到，搭船是最方便也最迅速能認識 AMS 的旅遊方式。

令人眼睛一亮的，是這條名為「AMS 原始湯（Amsterdam Oersoep）」的藝術拱廊。以綠色為基調加上金色吊燈的設計，更顯華麗。其實這只是一條連接達姆拉克大街和 Nieuwendijk 街的走廊，經

原始湯藝術拱廊

由 Arno Coenen、Iris Roskam 和 Hans van Bentem 三位藝術大師巧思打造，並將荷蘭的特色融入其中，創造出運河隧道的視覺。

天花板採用了上百萬個玻璃馬賽克拼貼，三面巨大的鍍金彩繪鏡子展示著水、生命和死亡的故事。而擅長各類燈飾設計的 Hans，將運河中回收的自行車零件，改造成七盞金色吊燈，並以黃金時代巴洛克藝術大師林布蘭（Rembrandt）、維梅爾（Vermeer）及費迪南德‧波爾（Ferdinand Bol）命名，視覺上毫無壓迫，畫龍點睛，照亮整片翡翠波光粼粼，成了新興景點。

紳士運河的吊橋景觀

西教堂尖頂上是馬克西米連一世的皇冠

交織的運河網

　　市中心被十七世紀的荷
蘭運河環繞著，當時是為了
打造港口城市與發展居住區
而建。以中央車站為圓心，
排列成向外的同心圓弧狀結
構，最內側的是中世紀便已
存在的辛格河（Singel），
當時作為護城河之用。

　　接著由內而外地開鑿了
紳士運河（Herengracht）、
皇帝運河（Keizersgracht）、
王子運河（Prinsengracht）與
辛格爾運河（Singelgracht）。
故 AMS 又有「北方威尼斯」
之稱，並於西元 2010 年列
入世界文化遺產名錄中。

　　其中最寬敞的皇帝運河
遍佈豪宅別墅，最長的王子
運河則囊括了著名景點：北
教 堂（Noorderkerk）、 北
市 場（Noordermarkt）、 安
妮之家、本市最高的西教堂
（Westerkerk）和同性戀紀
念碑（Homomonument）。

運河屋

很多人會將辛格爾運河與辛格河搞混，但就其建立時間與歷史來看，仍可窺探一二。辛格河是中世紀前的護城河，始於中央車站附近的 IJ 灣，直到鑄幣廣場（Muntplein）後便匯入阿姆斯特爾河，其中最著名的莫過於以船屋呈現的辛格花市了。

辛格河上的花市船屋

　　而辛格爾運河則是十七世紀開鑿的護城河，也是圍繞在市中心最外圍且面積較大的外部疆界。將地圖攤開，就能一目瞭然。

城市的建築結構

　　這裡的房子長得有點怪又有點可愛，門面高低傾斜、寬窄不一，其建築歷史動輒數百年，那又陡又窄的縲旋狀木梯，因乘載著人與行李的重量而發出軋軋聲響，同時也考驗著旅人的肌耐力。

　　通常房子的大門都會比窗戶還大，但在這裡卻相反。不僅如此，每間房子的正立面山形牆上都有吊鈎，想來是有作用的。原來荷蘭人是利用吊掛方式將家具從窗戶運輸進出，無怪乎窗戶比門要大上許多。

屋頂用來運輸家具的吊鈎工具

　　早在五百年前，在寸土寸金的水城，窮人為了減少房屋稅的負擔，而將房子的寬度愈修愈窄，形成現今的模樣。習慣養成至今，聰明的現代人想出了吊鈎裝卸家具的方法，形成特殊的市容，至於內裝要有多深或多豪華，就看個人的能力了。

熱鬧的水壩廣場

沿著達姆拉克大街往前走，不出十分鐘，即可抵達老城區中心的水壩廣場。長方形的廣場熱鬧非凡，不乏街頭藝人表演活動，四周的建築也相當有看頭。

廣場西側的新古典主義風格建築原為市政廳，後改為王宮，但現今荷蘭王室已遷至海牙，此處已改為接待外賓的重要場所。

位於王宮北側的是新教堂（Nieuwe Kerk），這座教堂現早已不再舉行禮拜，數十年來以舉辦各式藝術展覽活動而聞名，是荷蘭最受歡迎的展覽場地之一。此外，它還扮演著舉辦皇室儀式及官方聚會和文化活動等具有全國意義的角色。

廣場南側是杜莎夫人蠟像館（Madame Tussauds），廣場北側是女王百貨公司（De Bijenkorf）。

東側則是完工於西元 1956 年的國家紀念碑（Nationaal Monument），是為了紀念在二次大戰及後來在武裝衝突中所犧牲的荷蘭人。這座放置在一系列同心圓環上的紀念碑，是以高約二十二公尺的錐形柱加上半圓形圍牆組成，圍牆內則放置了荷蘭十二個省分的泥土土甕。

水壩廣場上的王宮與新教堂

漫遊資訊

水壩廣場

交通：從中央車站搭乘電車約 4 分鐘，或步行約 800 公尺。

柱體正面基座上的四個男性雕像，代表著戰爭期間遭受到的痛苦。柱子左右分別是象徵知識分子及工人階級抗戰的雕像，而腳下的狗則表達出痛苦與忠誠。中央處有一個女人懷抱著孩子的雕塑，鴿子在其身邊飛舞，象徵著勝利、和平與新生活。柱子背後上升到天空的鴿子浮雕則象徵著解放。

每年 5 月 4 日是荷蘭國殤紀念日，所有的皇室成員、官員及民眾會聚集在此，進行獻花、哀悼並祈求世界和平的儀式。全荷蘭人則會在 5 月 5 日解放日這一天舉辦慶典，以音樂和啤酒來慶祝得到的自由。

逛街購物與夜生活

在這裡不愁沒地方血拼，自黃金時代以來，這裡可說是購物天堂。話說在西元 1638 年時，當法國皇后 Marie de Médicis 蒞臨 AMS，在短暫且匆促的停留期間所做的第一件事就是 SHOPPING 呢！從大型的百貨購物中心、商場，到市集商店、跳蚤市場等，各式各樣，甚至是充滿個人色彩的商品，全都等著旅人來挖寶。

光是水壩廣場周邊就有麥格納廣場購物中心（Magna Plaza Shopping Center）及女王百貨公司，還有販售特色的水壩廣場紀念品專賣店。簡單來說，以水壩廣場為中心，就有多條購物路線步行可達，亦有方便的交通網連結。

麥格納廣場購物中心

背對王宮右側的 Rokin 屬於高級購物街，一路上不乏餐館、咖啡廳、旅館及特色紀念品店。沿途的運河景觀非常美麗，不時有大型遊覽船經過，一路走來心曠神怡，沒多久就可來到鑄幣廣場及辛格花市。這是世界唯一位於水上的花卉市場，創建於西元 1862 年。當時的花商是以乘船的方式運送並販售花卉，演變至今日成排的船屋市集。

目前約有十五家花店及眾多紀念品商店，是 AMS 主要鮮花供應地之一，也是購買紀念品的最佳去處。有趣的是，遊客購買紀念品數量遠比買花的多，且店家販賣內容及價格大同小異，品質尚可，貨比三家不吃虧嘍！

從王宮後方穿過辛格河，在左側約莫一百公尺處，有三條橫跨於四大運河且被這運河分隔成九段的迷人購物小街，統稱為九街。從十七世紀初就具備雛形，直到二十世紀時，由其中的經營者 Djoeke Wessin 女士，聯合其他商店創辦了九街商會，四百年後的今天依然獨具特色。舉凡手工製品、藝術畫廊、個人原創精品店、古董店等等，還有風格別緻的咖啡館和餐廳，價格雖略高於市集仍值得走訪。

辛格花市

地址：Singel, 1012 DH Amsterdam, The Netherlands
營業時間：週一～六 9:00-17:30、週日 11:00-17:30
交通：搭乘電車 1、2、5 至 Koningsplein 站或 16、24 至 Muntplein 站（鑄幣塔旁）。

夏日露天咖啡廣場

九街

地址：De 9 Straatjes, 1001 GN Amsterdam, The Netherlands
交通：距水壩廣場步行約 3 分鐘。

想體驗議價的樂趣一定要到跳蚤市場來尋寶。從水壩大街（Damstraat，國家紀念碑後方）一路穿越四座橋樑，行經南教堂與林布蘭故居，就可抵達滑鐵盧廣場市集（Waterlooplein Market）。

這座原是販售日常用品的傳統猶太市集，曾因二戰對猶太人的迫害，使市集特色產生重大的轉變，成了現今的跳蚤市場，目前約有三百個攤位。無論是二手衣、骨董、二手腳踏車的販售或維修等，仍保有古味，十分獨特。此市集也是 AMS 少數沒有定價的地方，多數商品皆可殺價。

若想充分體驗購物的多元文化，那便不能錯過此市最大也最繁忙的亞伯特市集。此處商店及攤位林立，真有種逛臺灣市場的錯覺。來到這裡，一定要嘗嘗現做的荷蘭焦糖煎餅（Stroopwafel），好吃到令人難忘。還有獨特醬料的薯條、烤雞與炸海鮮、眾多口味的起司攤位，而敢吃生魚片的朋友一定不能錯過生鯡魚（Haring）！

 漫遊資訊

滑鐵盧廣場市集

地址：Waterlooplein 2, 1011 AL Amsterdam, The Netherlands
營業時間：週一～六 9:30-18:00
交通：搭乘電車 9、4 至 Waterlooplein 站。

現做的荷蘭焦糖煎餅最好吃

 漫遊資訊

亞伯特市集

地址：Albert Cuypstraat, 1073 BD Amsterdam, The Netherlands
營業時間：週一～六 9:00-17:00
交通：搭乘電車 4 至 Stadhouderskade 站，或 16、24 至 Marie Heinekenplein 站。

林布蘭廣場上「夜巡」3D 立體雕像

想感受熱鬧的夜生活，那非到林布蘭廣場（Rembrandtplein）不可。起初這裡是黃油和奶製品市場，直到西元 1876 年，一尊林布蘭的雕像搬到了廣場正中央，便更名為林布蘭廣場。

西元 2006 年為慶祝畫家四百歲生日的重要活動，由俄羅斯藝術家打造了林布蘭大師最具代表性的畫作「夜巡」（De Nachtwacht）的 3D 立體雕像，放置在廣場上，後來還搬到了紐約及俄國等地展出。此處交通繁忙，周邊有許多咖啡館、酒吧、俱樂部與飯店，在大白天裡感受不到絢爛的夜生活，一入夜就搖身一變成為當地居民與旅客享受夜生活和泡吧的天堂。

漫遊資訊

林布蘭廣場

交通：搭乘電車 4、9、14 至 Rembrandtplein 站。

漫遊資訊

紅燈區

交通：自中央車站步行約 10 分鐘。

另一處令人臉紅心跳且充滿旖旎色彩的德瓦倫（De Wallen）區，是本市最大也最知名的紅燈區（Red Light District），同時是合法的大麻與性交易場所。該區域有許多性用品商店、性劇院、性博物館、大麻博物館，以及許多出售大麻的大麻咖啡館（Coffee Shop），千萬不要誤以為是喝咖啡的地方喔。還有，紅燈區是不能拍照的，尤其更是忌諱對著櫥窗女郎拍攝，務必切記，以免不慎成為失格的旅人。

荷蘭國家博物館

如果以「十年磨一劍」來形容，荷蘭國家博物館當之無愧。

自西元 1800 年設址於海牙，並對外展出畫作的國家畫廊，便是國家博物館前身。西元 1808 年遷至 AMS，幾經波折，終於在西元 1885 年與荷蘭歷史及藝術博物館合併，成立了現今的國家博物館。

初次到訪，覺得這棟建築物有點眼熟，原來與中央車站系出同門，都是建築師皮埃爾‧庫伯斯（Pierre Cuypers）所設計。他將新文藝復興風格融入了新哥德元素，打造出宏偉的美麗建築。

國家博物館

從西元 1200 年到現在，八千件藝術和歷史作品，講述了荷蘭八百年的歷史故事。由於館藏豐富，已然容納不下這許多展品，於是在西元 2003 年閉館擴建。幾經波折與挑戰，包括一再修改設計圖，終於在西元 2013 年 4 月重新揭幕。荷蘭最後一任女王碧翠絲（Beatrix）更親自參與盛大的開幕活動，讓眾多瑰寶再次呈現在大眾面前。

在國家博物館擴建過程所產生的種種風波中，有一件格外有趣，就是自行車聯盟的強力抗爭。自行車不僅是荷蘭的生活風格，儼然已成為特有文化的代表，象徵著自在旅行及便利。

而當初博物館的設計曾經將自行車道規劃於兩側，引來許多爭議，後來才改成如今貫穿中央的設計。

穿越博物館的自行車道設計

博物館的建築設計，大家的焦點不是在展品如何擺放，而是自行車道要開在哪裡，荷蘭人當真與眾不同！

如果沒有太多的時間可以參觀博物館，那麼就從放置在二樓，黃金時代重量級大師的作品開始吧！鎮館之寶之一的《夜巡》（De Nachtwacht）出自林布蘭大師之手，他算是與這座城市聯繫最緊密的藝術家之一，館內有許多他和他的學生的作品，值得探訪。

除此之外，與林布蘭齊名的畫家維梅爾大師，一幅《倒牛奶的女僕》（De Melkmeid）作品也是鎮館之寶之一，若想欣賞他另一幅畫作《戴珍珠耳環的少女》（Het meisje met de parel），那一定要去海牙的莫瑞泰斯皇家美術館（Mauritshuis）朝聖。

國家博物館還有一座全荷蘭最大的亞洲藝術收藏館，以及咖啡館、紀念品區，戶外也有展區及美麗的花園。這座花園是免費開放的，炎熱的夏天，小朋友喜歡在園中的噴水池嬉戲，樹木修剪有形，代表四季的人物雕像就藏身在樹叢間，非常適合散步拍照。如果像我們一樣夠幸運，在炎炎夏日能夠躲進自行車道旁，聆賞現場演奏的美妙音樂，那肯定是暑氣全消呀！

館內一隅

 漫遊資訊

國家博物館

票價：€19 ／全，18 歲以下及花園免費參觀

地址：Museumstraat 1, 1071 XX Amsterdam, The Netherlands

開放時間：9:00-17:00（花園、商店和咖啡廳至 18:00）

交通：從中央車站搭乘電車 2、5 至 Rijksmuseum 站或 16 至 Museumplein 站。

備註：可使用「荷蘭通行證」1 張金券、「阿姆斯特丹城市卡」或「博物館卡」，內部拍照禁用閃光燈及腳架。

來荷蘭一定要打卡的地標

熱門的 IG 打卡地點

改建於西元 1999 年的博物館廣場，是本市最大的廣場。周邊匯集了主要的博物館有：國家博物館、梵谷博物館、市立博物館（Stedelijk Museum）、鑽石博物館（Diamantmuseum）、現代藝術博物館（Moco Museum），還有 AMS 音樂廳（Het Concertgebouw）。

昔日，川流不息的遊客永遠會圍繞在「I amsterdam」這個大又醒目的地標打卡拍照，這個曾令阿姆斯特丹人驕傲的地標，是在金融危機的西元 2004 年創立，想藉此機會對外宣傳城市之美，沒想到成果卻超乎預期的熱門，來到這裡沒有打卡拍照，彷彿沒來過 AMS。

或許是因為拍照的遊客太過熱門，影響了當地人的生活，市政當局於 2018 年 12 月 3 日撤掉了這高人氣的打卡景點並將之暫置倉庫，雖然此舉引來許多抗議聲，但也只能期盼，有朝一日能重見於世。另外還有兩組標語，一個是在史基浦機場外的廣場，另一個則是移動性的展示，確切位置可以上官網追蹤。

天氣好時，大家喜歡坐在博物館廣場的樹下乘涼或野餐，或是躺臥草

皮上晒太陽，或是像我們一樣吃著帶來的食物，到 Kiosk 買杯「貴森森」但附上荷蘭小煎餅的好喝咖啡，坐在大樹下的野餐區乘涼，也是挺愜意的。

　　廣場北邊有一座巨大的荷蘭國家博物館，博物館前是一個長方形人造池塘。每當入冬的聖誕前夕，除了熱鬧的聖誕市集外，這座池塘也搖身一變成為大人小孩都愛的溜冰場。

博物館廣場好乘涼

不能錯過的國民美食

　　達姆拉克大街上的電車往來頻繁，沿途有許多的餐廳或小館，來到這裡絕對不能錯過國民美食：炸薯條。

　　這裡有家招牌上打著 Voted No.1 Holland's Fries（票選第一名荷蘭薯條）的招牌，名為「尿尿小童薯條」（Manneken Pis fries）。無論何時都大排長龍，人手一杯，吃得津津有味。

　　店家採現點現炸，新鮮度無庸置疑，外酥內綿的口感就是與速食店不同。醬料選擇多達二十二種（另付費），從平常選配的番茄醬、咖哩醬、沙嗲等等，我們嘗試了荷蘭美乃滋（Mayo）口味。

哎呀呀～這真是顛覆我們對薯條的印象！太好吃了！根根炸得堅挺，不會垂頭喪氣，荷蘭美乃滋味道不同於臺式美乃滋，與薯條搭配真完美。店家外面設有貼心的裝置，垃圾筒上方的圓形小洞可以放置整杯薯條，讓你熱熱的吃卻不燙手，吃完將垃圾往下一丟，清潔溜溜。

另外還有一家評價也很高的薯條專賣店：「醬料大師」（Vlaams Friteshuis Vleminckx），離鑄幣廣場與辛格花市頗近，比起上一家可能名氣沒那麼大，但吃過的都說讚。

點餐方式一樣選擇分量及醬料，這裡比較親民的是菜單提供各種語言（包括中文），價格便宜一些，但醬料一樣要另外付費。附近是熱鬧街區，逛街時不妨來上一包嘗嘗，這排隊美食絕對令你難忘。

 漫遊資訊

Manneken Pis

地址：Damrak 41, 1012 LK
　　　Amsterdam, The Netherlands
營業時間：週日～四 11:00-24:00，
　　　　　五＆六至凌晨 1:45
交通：自中央火車站步行約450公尺。

口味多樣化的尿尿小童薯條

 漫遊資訊

Vlaams Friteshuis Vleminckx

地址：Voetboogstraat 33, 1012 XK
　　　Amsterdam, The Netherlands
營業時間：週二、三、五＆六 11:00-
　　　　　19:00 週四至 20:00，週
　　　　　日＆一 12:00-19:00
交通：自鑄幣廣場步行約 220 公尺。

　　行程中如欲參觀美術館、博物館、遊船或是其他需事先購票的景點，皆可事先在市區的售票中心購得，可節省現場排隊的時間，並享有額外的優惠。建議大家可依照停留天數、欲訪景點做比較，購買套票的好處是省去排隊買票進場的時間，價格可能優於單買。

票卡種類

票　種	價　格	可用範圍	購票地點	注意事項
阿姆斯特丹城市卡	24 小時票（1 日券）€60 48 小時票（2 日券）€80 72 小時票（3 日券）€95 96 小時票（4 日券）€105	在有效期限內可免費進入全市 36 間博物館、美術館、運河遊船等一次	GVB 售票處、遊客中心、運河遊船售票亭、各大飯店等。可線上訂購，當地取票	依購買時（天）數可無限次搭乘 GVB 營運的交通工具，上下車或進出站都要感應票卡。
荷蘭通行證 Holland Pass	小套票 €40	1 金券 2 銀券	僅供線上購票，當地取票 hollandpass.com	套票效期 1 個月，皆附 1 本旅遊指南（含地圖）及 1 張折扣卡。
	中套票 €55	2 金券 2 銀券		金券、銀券及折扣卡等適用地點可線上查詢。
	大套票 €75	3 金券 3 銀券		

漫遊筆記

　　如需購買上述介紹的票卡，建議先上網查詢，有不定時推出的限時折扣。另外，在 AMS 有許多的運河遊船行程，售票員會事先告知搭乘碼頭及集合時間（票卡上亦會印出時間），務必記牢位置，千萬別跑錯了。

　　景點票券以及各類通行證，可以透過臺灣網站「KLOOK 客路」線上購買、現場取票（亦可下載 App 購票取得電子憑證），價格有時會比在官網或現場購買便宜，中文界面易操作，貨比三家不吃虧，省時、省錢又便利。

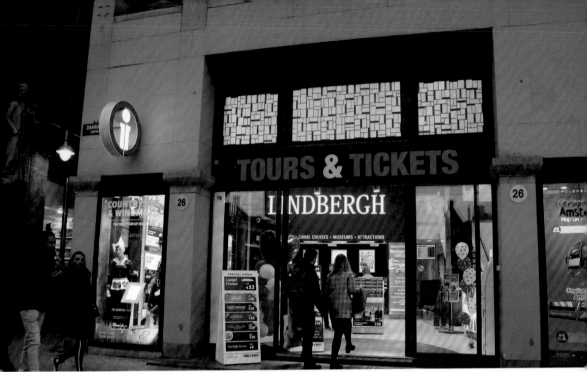

離火車站最近的 Tours & Tickets 門市

持有「荷蘭通行證」欲使用金、銀券前往梵谷博物館、海尼根體驗館（Heineken Experience）及阿姆斯特丹冰酒吧（Amsterdam Icebar）者，必需事先到市區的「Tours & Tickets」門市預約並取票，再依票卡上的時間前往參觀，無需排隊。

 漫遊資訊

市區內的
Tours & Tickets
門市地址

使用金券前往庫肯霍夫花園（Keukenhof）者，除了上述地方外，亦可在機場入境大廳的 PLANES@PLAZA 票務櫃檯（位於二號和三號抵達口之間，Albert Heijn 超市旁），或是直接到園區入口對面、巴士停車場旁的「Tours & Tickets」換取入園門票。如上所述外的其他景點則不在此限中。

在達姆拉克街上就有數個旅行社及售票中心，內有多種行程可供選購，基本上每一家的售價大同小異。我們選擇在離中央車站最近的「Lindbergh Tour & Travel」購買票券，這裡有好幾個服務櫃臺，直接告知需求，他們會給予最划算的購票方式，不過每個服務員的熱忱不盡相同，挑個順眼的就行了。

這次是我們全家的大旅行，因其中一個未滿十八歲，故在景點及交通票券上多了許多優惠，甚至是免費，真的省下不少荷包。另外，這家旅行社也包含在上述使用荷蘭通行證的票卡兌換與預約名單中。

火車站前通往水壩廣場的熱鬧大街

2-1-3 兼具美麗與哀愁的梵谷博物館

位於博物館廣場上的梵谷博物館，每日吸引眾多遊客排隊等候進場。這裡收藏了梵谷生前最多的作品，來到 AMS，怎能不來拜訪呢？這裡有最豐富的展覽內容，還有梵谷友人及當代畫家的精選作品，出色的收藏絕對值得造訪。

建築風格

博物館本館在西元 1973 年揭幕，當時是根據「荷蘭風格派運動」（De Stijl）建築師赫里特・里特費爾德（Gerrit Rietveld）的設計而建。本館分為四層樓，令人眼睛為之一亮的，除了那座方形旋轉而上的階梯設計，就是一整片在玻璃窗上不停輪播的梵谷畫作了。

從博物館廣場所見的弧形透明玻璃建築，是西元 1999 年時，由日本建築師黑川紀章（Kurokawa Kisho）所設計加蓋的側館，以做特展使用。天氣好時，陽光透過玻璃窗灑落進來，令人感到溫暖愉悅。博物館入口設於此，待驗票後，沿著手扶梯往下來到底層，這裡有紀念品館、咖啡館、租借導覽機及寄放背包的櫃臺，隨身背包要先寄放在櫃臺才能進入參觀。

博物館側翼建築

強烈建議一定要租借導覽機，可以更深入了解梵谷的作畫心情，有中文介面可選擇，不用擔心聽不懂。當然，如果您的英文程度還不錯，建議選英文介面，介紹更詳盡。

本館一樓的自畫像展示區

關於畫家的一生

文森・威廉・梵谷（Vincent Willem van Gogh）於西元1853年在荷蘭出生，1890年在法國與世長辭。短短三十七年的人生，訴諸於上千幅的畫作中。在那些寫給他親愛弟弟西奧・梵谷（Theodorus van Gogh）的八百多封家書中，陳述不同時期所面臨的困境與喜怒哀樂，也透露兄弟倆感情深

藉由導覽機更加了解畫家及畫作

厚。西奧除了鼓勵梵谷創作外，也時常關心他的身心健康，是極少數了解梵谷的人。因此，後人才得以藉由充滿情感的作品，來理解梵谷每個時期的心情，愈深入了解就愈令人感懷。

梵谷的第一志願不是畫家。他曾經在國際藝術品交易商公司實習，輾轉經過短暫的工作之後成為傳教士，向貧困的採礦工人傳教，直到二十七歲後才決定要成為畫家。

研習繪畫初期，經濟困頓，得靠西奧的接濟才能勉強度日。西奧是巴黎的藝術經濟商，崇拜他的哥哥梵谷，從不停止對他的鼓勵與經濟援助，讓

哥哥能專心作畫。當時梵谷曾提出希望能透過賣畫來回報西奧，但他的作品一直不被主流畫壇所接受，賣不出去是常有的事。

雖然梵谷的畫家生涯只有短短十年，卻創作超過二千幅作品，眾多聞名於世的畫作皆完成於生前的最後兩年間。可惜的是，終究不敵精神疾病之苦，在三十七歲那年，自我了結。

出色的收藏

本館內部設計

一樓展覽是依梵谷生平而排列的，其作品按照時間順序分為：荷蘭、巴黎、亞爾（Arles）、聖雷米（Saint-Rémy-de-Provence）和奧維爾（Auvers-sur-Oise）等五個時期，每個時期都代表著他的生活和工作。

二樓和三樓則為該館的相關收藏，並不定期展出其他畫家的版畫作品，及有關十九世紀藝術史的各種主題展覽。地下一樓則通往展覽翼，不定期推出特展，相關內容可上官網查詢。

此次到訪，幸運地遇上才剛推出五天的特展：《處在瘋狂的邊緣—梵谷與他的疾病》（On the Verge of Insanity – Van Gogh and his illness）。

展覽重點放在西元 1890 年梵谷自殺前的最後十八個月，期間所經歷的極度痛苦與精神折磨，包括從未展出過的亞爾市政檔案中，1889 年三十名市民要求梵谷搬離黃屋的請願書、菲利克斯雷伊（Félix Rey）醫生當年對梵谷割耳的診斷圖、以及一把首度公開展出，小而嚴重腐蝕的左輪手槍。

梵谷在西元 1890 年 7 月 27 日開槍自盡，由於射擊力有限，並未立即致死，他設法搖搖晃晃地回到他居住的旅館，三十小時後因傷口感染而亡。詭異的是，這把手槍在當時並沒有被找到，且過程疑點重重，眾說紛紜，真相早已隨著畫家埋入土中。

藉著欣賞畫作的同時，期盼能更貼近梵谷作畫的心情。以下介紹幾幅經典必賞之作：

《食薯者》
The Potato Eaters, 1885

梵谷曾作貧困人民的傳教士，這次以務農家的晚餐時光作為油畫的模特兒，選擇向難度較高的題材挑戰，希望成為技巧優秀的人物畫家，並藉此作品來考驗自己的技術。

他使用不同的構圖方式，以大地色彩表現出深沈、陰鬱的感覺，描繪出鄉村生活的殘酷現實，將未剝皮的馬鈴薯色彩還原呈現，農民粗糙的臉龐和堅韌的雙手，誠實的自食其力。不若其他畫家的美化現實，對梵谷來說，忠實呈現要比正確透視或技術完善更加重要。

休息區的展示幕正好投影出梵谷的《黃屋（街道）》作品

《黃屋（街道）》
The Yellow House (The Street), 1888

這是梵谷在南法亞爾完成的一幅油畫，畫面中這棟黃色房子的右邊，有四扇綠色百頁窗，是他在亞爾期間的居所。

他在五月租下這些房間開始作畫。左邊是一家雜貨店和公園，最左側被樹擋住的粉色外牆及綠色窗戶的房子，則是他經常光顧的餐廳。而他的郵差朋友約瑟夫魯林（Joseph Roulin）就住在第二座鐵路橋的後面，後來高更（Gauguin）也曾在此住過一段時間。

梵谷自稱這幅畫名為《街道》，記錄藝術家的生活環境，他不僅可以在此作畫，還有地方可以讓朋友留宿，甚至夢想作為未來的畫家聚落，讓志同道合的朋友可以一起生活和工作。

現實中的黃房子在經歷多次重建及戰爭毀損後，已不復存在。在停留亞爾期間，南法熱情的陽光也使得梵谷的畫作鮮明起來，他愛上了各種不同的黃色調，充滿希望與新鮮感，留下一幅幅令人愉悅的作品。

《亞爾的臥房》The Bedroom, 1888

簡單的家具和掛在牆上的自畫像，明亮的色彩凸顯出深沉的休息或睡眠，這是梵谷居住的黃屋裡的臥室。在這幅畫中，不強調透視應用，牆角看似奇怪的角度也非失誤，是故意在畫中將地板鏟平，並除去陰影，讓畫作看起來像日本的印刷品，這些都是在寫給西奧的信中所闡述的事實。

信中曾提及紫色的牆壁和門板，配上紅色的地板……已非今日所見，這是多年來褪色的結果。梵谷非常滿意這幅油畫，對他而言，在他生病後再次看到這幅畫時，無疑是最好的作品。他一共畫了三個版本，另兩幅分別收藏於芝加哥藝術博物館及奧賽美術館。

底層休息區與通往
側翼特展的入口

《向日葵》Sunflowers, 1889

　　梵谷在南法期間，一共完成了五幅向日葵大型油畫，只用了三種不同
的黃色調，向世人證明一種顏色也能創造出不同的變化。

　　對梵谷而言，向日葵有著傳達感激的特別意義，在寫給西奧的信中曾
表示：「向日葵是屬於我的花」。他將其中兩幅比較滿意的作品掛在為好
友高更準備的房間裡，高更非常滿意也對畫作留下深刻印象，他認為這就
是完整的文森精神。因此一系列的向日葵靜物油畫，便成為人們對梵谷的
印象代表作。

《盛開的杏花》
Almond Blossom, 1890

藍天下綻放花朵的樹枝，是梵谷最喜愛的主題之一。當時他正在聖雷米療養院接受治療，在接獲弟弟西奧生子的喜訊時，便以這幅油畫作為祝福的賀禮。

梵谷以杏樹枝作為生命的象徵，枝頭上或半開或綻放的杏花，象徵欣欣向榮的新生命，如珍珠般閃亮的白色花瓣，在藍天下的輪廓與陰影，更顯寧靜與純潔。這幅畫風有別於一般作品，比較偏向日本版畫的內斂，更領悟到生命、情感與希望。

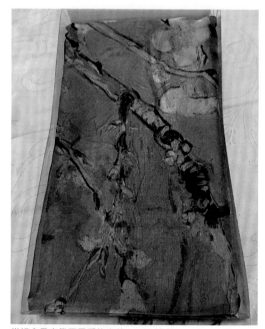

從紀念品店帶回最愛的杏花 100% 絲巾

同日西奧便回信給哥哥說道：「正如我們所述，我們以你之名為他取名，希望他可以像你一樣堅毅和勇敢。」這也使得梵谷家族的心靈更為緊密。也因此，梵谷的姪子 - 文森‧威廉（Vincent Willem）在日後創立了梵谷博物館。

《麥田群鴉》 Wheatfield with Crows, 1890

梵谷在西元 1890 年 5 月 21 日前往巴黎北部的奧維爾村莊，接受保羅‧嘉舍（Paul Gachet）醫生的治療。他對這裡的麥田非常感興趣，治療之外的時間就在廣大的麥田裡作畫，他認「暴風雨天空下的麥田」代表著「悲傷與極度的孤獨」，同時也想表達出他對健康的渴望與強烈的田園印象。

這幅畫布異於往常的寬廣，僅使用三原色的鮮明色彩組合：藍色天空與黃橙色的麥田、紅色小徑被綠色的草叢襯得更加搶眼。來勢洶洶的天空與麥田彼此朝反方向推擠流動，一群似驚嚇飛起的黑色烏鴉，以及看不到盡頭的末路小徑，不祥的徵兆難免引人揣測：這是否暗示著他的生命即將走向盡頭？其實在這之後他還創作出充滿希望和生命的森林景觀，幾乎一日一件作品。

但幾個星期後，他走進畫中描繪的大片麥田裡舉槍自殺未遂，卻在兩天後於弟弟西奧的懷中死去，只留下「痛苦永存」（La tristesse durera toujours）的遺言。

梵谷一共畫了三幅麥田寬幅油畫，他在寫給弟弟、妹妹的家書中曾經提到：「雖然時常握不穩畫筆，無法用言語形容出感受，但當你們看到畫時就會明白，此刻的我有多麼地痛苦與孤單。」

書信內容複製畫

梵谷之夜

博物館每週五開放至晚上九點，從晚上七點開始，一樓大廳搖身一變成為酒吧，可以輕鬆享用雞尾酒（需付費），聆賞現場音樂表演，以及參加免費英語導覽。如果想要特別的體驗，可以在每月的最後一個星期五晚上加入「週五梵谷之夜」，這是博物館與 AMS 的青年創意團體，攜手合辦的獨特晚間節目，每月主題不同，可上官網查詢。

與梵谷自畫像合影

與畫家合影

　　為了不影響他人觀賞，除指定地點外，館內禁止拍照。館方為了滿足粉絲，特別將「梵谷作為畫家的自畫像（Self-Portrait as a Painter）」放大印於整面牆，得以與畫中的梵谷合影，對粉絲來說，值得排隊等候。

梵谷迷必訪

　　庫勒 - 慕勒博物館（Kröller-Müller Museum）是全球第二大的梵谷畫作收藏機構，擁有九十幅油畫和一百八十幅素描，可說是梵谷畫作的第二個家。對梵谷迷們來說，一趟荷蘭旅行，絕對能滿足，也能更加瞭解其孤獨一生與經典名畫背後的故事。甚至可以搭乘高速火車前往巴黎的奧賽美術館，欣賞著名的畫作：《隆河上的星夜》、《在亞爾的臥室（第3版）》、《奧維爾教堂》、《午睡》、及《嘉舍醫師的畫像》等等，包準心靈豐富，滿載而歸。

漫遊資訊

票價：€19，18 歲以下免費。導覽機：€5、13-17 歲 €3。

開放時間：每日 9:00-19:00，夏季的週五 & 六至 21:00（梵谷之夜至 22:00）

交通：從中央車站搭乘電車 2、5 至 Van Baerlestraat 站，電車 16 至 Museumplein 站。

備註：館內不可拍照。可使用「荷蘭通行證」2 張銀券兌換，需先到「Tours & Tickets」門市預約參觀時間並換取實體票，若欲使用「阿姆斯特丹城市卡」則要到現場排隊換取實體票。

現場排隊等候換取票券

漫遊筆記

　　上午九點到十一點或下午三點後為最佳的參觀時間，建議開館就前往參觀。最後入場時間為閉館前三十分鐘。

溫馨有趣的艾登乳酪市集

位於北荷蘭省艾塞湖旁的艾登市，是一座歷史悠久的城市，也是荷蘭著名的乳酪代表城之一，其歷史可追溯到十二世紀。當時的農民及漁民沿著艾河（IJe，音為 Eye）定居，後來在河上築起大壩稱為 IJedam，又因 IJe 和 E 的荷語發音相同，最後定名為 Edam。

自十四世紀便是當時荷蘭重要的貿易港口，造船業、牛隻和木材貿易也是艾登促進發展的主要貢獻者，與 AMS、霍恩和恩克豪森並列為荷蘭最重要的商業城鎮。

每年夏季舉辦的傳統乳酪市集

 漫遊資訊

如何前往：自 AMS 公車總站搭乘 312、314 或 316 號至艾登 Busstation 站下。巴士班次密集，約 15 分鐘一班，車程 25 ～ 40 分鐘。公車站內設有時刻表，可下載「9292」APP 即時查詢，或上 EBS 官網查詢班次。

今日的艾登，是一個擁有十七世紀建築風格的小鎮，就像穿越了時空。這裡大部分的房屋和幾個世紀前一樣，裝飾華麗的山牆屋及令人印象深刻的建築，皆保留了豐富的歷史與往日的美好時光。

對於大多數的人來說，艾登是乳酪的代名詞，因其出口數百年的圓形紅皮乳酪 Edammer 而聞名於世。不僅如此，在這個小鎮中，光是列入荷蘭國家級的文化遺產就多達一百七十六個。再加上傳統乳酪市集只在夏季對外舉辦，更是吸引我們到訪的理由。

沿著古老的街道、漫步在靜謐的河畔，細賞保存良好的山牆屋，走過廣場、橋樑、老教堂與古蹟，然後坐在枝葉扶疏的河畔草地上野餐，舒適又愜意。

AMS 公車總站搭乘 EBS 公車前往艾登

 漫遊筆記

公車總站設置於中央火車站後方，持 OV 卡者請走無閘門通道，無需刷卡即可進站。

持 OV 卡上車記得嗶卡，亦可向司機購票

早起的鳥兒有蟲吃

悠閒在家吃完早餐後，穿過 AMS 中央火車站，走到底再搭乘手扶梯往上，便可來到公車總站（CS IJzijde）。我們全程幾乎都使用 OV 卡，只要確認儲值金額夠用，上下車時記得刷卡即可。

河畔茶屋

抵達艾登公車站後，在鐵橋前向右轉入 Schepenmakersdijk，這裡有幾座沿著河畔而建的茶屋。在晴朗藍天、萬里無雲的夏日，想像在造船業

茶屋與古董級吊橋形成美麗的河畔景緻

和酪農業出口的繁盛時期，聚在此談天休憩的人們。

欣賞完茶屋後，會看到 Kwakelbrug 白色木製吊橋，這不僅是一座手動吊橋，也是古董級的荷蘭文化遺產。

樣似蹺蹺板，頂端為加重加寬的三角木板，另一端則是向下懸掛在橋身的兩條鐵鏈，當有船隻通過時，鏈條會向上拉起，形成特殊景觀。

站在橋上，可以清楚地看見右邊的造船廠，及一座傾斜的鐘塔（Het Carrillon van de Speeltoren）。這座高聳的鐘塔從十五、六世紀建立至今，可是原汁原味呈現在眼前。

斜塔頂端有會發出美妙旋律的鐘琴

一旁的哥德式聖母教堂則是後來重建的，唯一不同的是～塔樓傾斜了。當時居民以為樓要塌了，後以鋼樑修復，扭轉可能造成危險的命運。樓頂上，大大小小的鐘琴，從狀似燈籠的鐘樓探出頭來，若非彼得・范登・蓋因（Pieter van den Ghein）的設計，又如何能在每隔十五分鐘便響起旋律美妙的短曲。

水壩廣場

　　艾登最熱鬧的地方應屬小巧的水壩廣場。廣場被前市政廳、前郵局及黃油市場包圍。眼前這棟穩重又對稱的前市政廳，是由建築師Jacob Jongh 以路易十四風格打造的，入口上方有著艾登的市徽：在一隻熊的環抱中有三顆六角星與站在草地上的黑牛。

　　目前一樓左側的舊會議室做為婚禮場所，右側是旅遊諮詢中心（VVV），二樓則作為艾登博物館分部，僅供特展時開放。

位於水壩廣場上的舊市政廳

艾登旅遊諮詢中心（VVV）

地址：Damplein 1, 1135 ZJ Edam, The Netherlands

時間：11/2-3/21 週一 12:00-16:00，週二～六 10:00-16:00
3/23-10/31 週一～六 10:00-17:00。6-9 月週日 10:30-16:30

特展：週二～日 13:00-16:30（週一休）

交通：距公車總站（Busstation）步行約 550m。

友善的旅遊諮詢中心

走上這座水壩拱橋，因有新的海閘控管水位，故此閘門已於西元 1829 年拆除。當時因是否關閉閘口而不斷地產生衝突，畢竟是與海爭地，水漲或水滯，都影響著生活與經濟發展。經過多年的協調，終於在西元 1701 年達成共識，水利委員會負起修繕責任，並留下今日所見的兩枚紀念徽章：皇冠與雙頭鷹是象徵神聖羅馬帝國皇帝查理五世，當時就是由他下令建造水壩的，另一邊即是負責的堤壩官員。

徽章上的漆已斑駁脫落

已無閘門控管的水壩

艾登博物館

　　艾登博物館（Edms Museum）建於西元 1540 年，原為私人住宅，後被市政府收購並於西元 1895 年改建為博物館，是鎮上最古老的石屋建築，階梯式的山牆令人印象深刻。

　　這座維持內部格局且為荷蘭典型的黃金時代建築，同樣是由荷蘭著名的建築師-皮埃爾‧庫伯斯進行修復，除了保留原有的格局外，也從早期的家飾寢具中，發現令人驚訝的傳統家庭日常生活細節，亦有當年造船業、陶瓷業、建築等等豐富的艾登歷史，還包括了繪畫、版畫和 Boot 家族的一系列物品。

　　說到繪畫，館內有三幅比照真人大小的畫作，可說是艾登奇蹟：一位高約兩百五十四公分的十七歲大女孩、一位重達四百五十五磅的中年胖子，以及一位鬍子長約兩百五十公分，可編成兩條辮子的男子。

　　當然，最特別的就是位於地下室的「浮動地窖」，這裡的瓷磚地板仍保留著當時葡萄酒桶和啤酒的拖拉痕跡。當時有許多房子的地下室，因為水位的漲落而崩解，石屋富商在建造石屋的同時，想出讓地下室跟著地下水位而移動的辦法，果真克服了房子可能被水位解體的壓力，是一個創造性的工程解決方案，古人的智慧著實令人佩服。

 漫遊資訊

艾登博物館

票價：€5／全，€4／65 歲以上，€3／13-17 歲
地址：Damplein 8, 1135 BK Edam, The Netherlands
時間：週二～六 10:00-16:30，日 13:00-16:30。（週一休）
交通：距公車總站（Busstation）步行約 600m。

艾登鎮上最古老的石屋博物館

彩繪窗來自荷蘭各大城市捐贈

大教堂

　　大教堂（Grote Kerk 或
稱 St. Nicholaaskerk 聖尼古
拉斯教堂）是歐洲最大的三
座教堂之一，是荷蘭百大國
家古蹟之一，也是艾登人民
的信仰中心。

來自哈勒姆捐贈的彩繪窗

　　約莫建於十五世紀初，
後因塔樓遭雷擊而焚毀，故於西元 1701 年重建時，特別將塔樓的高度降
低。大教堂的參觀重點有：晚期哥德式的木造拱形天花板、三十二片彩繪
玻璃窗及華美古典的管風琴。

看似質樸的教堂卻擁有為數龐大的捐款及財富，從精美的管風琴及分佈在教堂四周的黃銅藝品即可窺知一斑，也因此才能在西元 1602 年的大火後迅速重建，費時二十四年才完成，無怪乎是艾登最自豪的財產。

帶有文藝復興風格的彩繪玻璃窗是在大火後，由 AMS、Dordrecht（多德雷赫特）及 Haarlem（哈勒姆）等重要城市捐贈的。未料，塔樓又在 1699 年再次遭受雷擊，遂決定建造較低的塔樓，從原先小規模的十字教堂擴建為擁有三個平行中殿的大廳式教堂（Hallenkerk），這下子總算躲過了雷擊之災。

教堂大廳與美麗的管風琴

 漫遊資訊

大教堂
票價：免費
地址：Grote Kerkstraat 57, 1135 BC Edam, The Netherlands
時間：4 ～ 10 月 13:30-17:00。（舉行葬禮時休）
交通：距公車總站（Busstation）步行約 800m。
備註：塔樓僅限 7 歲以上及有導遊協助者方能上塔。

艾河好風光

　　大教堂前方這條小河，就是十二世紀時小鎮開始發跡的艾河。夏日綠樹成蔭，百花爭豔，沿著河畔漫步，微風輕拂，很是愜意。河畔兩岸每隔一段距離就有長椅可供休憩，拿出背包裡的水果及乾糧，直接就坐在河邊草地上野餐起來。這是個令人感到無比放鬆的小鎮，沒有過多的遊客，有著許多保存完好的古蹟建築，空氣中也瀰漫著淡淡的乳酪香氣。

風光明媚的艾河河畔

說純樸，倒也不完全。除了數不盡的國家古蹟外，映入眼簾的，不只有著金銅色方向盤的敞篷古董老爺車，還有漂亮的紅色迷你現代跑車，不同型式在同個時空卻也相容，令人賞心悅目。時間充裕且腳力強健者，可以從水壩廣場一路漫步到堡壘，差不多一千八百公尺的路程，那裡還有露營區及帆船碼頭，可以欣賞馬肯湖，這個原本計畫要圍海造田的人工湖泊景觀。

Spui 街道充滿 17 世紀的風格建築

保有傳統的乳酪市集

　　西元 1622 年這裡建造了啤酒碼頭（Bierkade），釀酒商也在此處蓋房。大約在西元 1680 年，他們降低了水壩的水量，首次將乳酪市集（Kaasmarkt）從他處搬至新廣場（Jan van Nieuwenhuizen）。

　　鋪滿美麗的黃色與紫色鵝卵石的新廣場，中央還有一個被當地人稱為「星星」的漂亮羅盤圖案。幾個世紀以來，艾登乳酪市集便是在此進行交易。農民利用馬車和划艇將乳酪製品運來至此，並在西元 1778 年建立的稱重屋（De Kaaswaag）內展售。

　　自黃金時代以來，紅皮乳酪已成為著名的荷蘭出口產品，並運送到世界各地長達數個世紀，在歷史中佔有重要的地位。西元 1922 年，官方結束了商業乳酪市集，附近的農民開始自銷。直到西元 1989 年，艾登市集再次復甦，並在超過九十名志願者和乳酪工廠的財政支持合作下，乳酪市集成為重要的旅遊活動。

　　廣場中央展示著傳統稱重架，地板上堆輪胎似的疊著金黃色車輪形狀的乳酪，旁邊還有黃皮與紅皮乳酪球堆，皆是來自 Beemster 乳酪工廠出品的手工乳酪。

手繪乳酪市集

有著遮陽棚的臨時觀眾席，沿著ㄇ字型廣場搭建，紅、綠、藍各色雪橇，也夾放在乳酪堆間。陽光下，放眼望去盡是一片色彩鮮豔的景象，剎是美麗。

稱重屋

在國際重量標準建立之前，人們使用原始測量方法來計算商品或物品的重量，由於稱重計量的控制極為重要，遂由地方當局掌控此事務，並利用稱重屋對該地方的商品銷售或運輸徵稅，因此稱重屋常設立於市場或市中心，荷蘭幾座城市皆保留這樣的建築，艾登亦是如此。

西元 1526 年，羅馬皇帝查理五世授予艾登每週免費的市集和稱重權，但每年必需上繳稅金九十荷蘭盾。到了西元 1574 年，奧蘭治親王威廉（Prins Willem van Oranje）定制法令，以後每年只需繳交十

漫遊資訊

De Kaaswaag 稱重屋

地址：Jan Nieuwenhuizenplein 5, 1135 WT
　　　Edam, The Netherlands
時間：4 ～ 9 月週一～日 10:00-17:00

稱重屋

荷蘭盾，即可永久使用稱重權。目前在稱重屋中展示著關於 Henri Willig 的乳酪製程，不僅免費參觀，還可品嚐與購買乳酪。

艾登乳酪 Edammerkaas

　　起初，艾登乳酪是一個重約 1.7 公斤的小圓形乳酪，大部分都做出口貿易。在十四世紀時，艾登便是重要的出口港，這可能是為什麼從港口運來的乳酪會被稱為 Edam 的原因。這些被稱為 Edam 的乳酪類型在北荷蘭省和菲仕蘭省（Friesland）製造，從 Amstelland 農委會在西元 1810 年出版的報告中得知，凡印上北荷蘭（Noord-Holland）字樣的乳酪，代表著一定的質量，且必需符合「外觀圓形，內心堅硬」的規定。

　　艾登乳酪以脫脂牛奶製成，其脂肪含量為 25％，風味較淡，嘗起來清爽，算乳酪界的入門款。色彩鮮豔的封蠟外皮可謂是艾登乳酪的身份證明，更以不同顏色來區分種類。

可購買到新鮮超值的 Noord-Wester 艾登乳酪

常見的紅色外皮是質地柔軟的年輕乳酪（約莫熟成四週就上市），綠色外皮是製程中添加混和香草與大蒜的調味乳酪，棕褐色橢圓形的是煙燻口味的乳酪。另有黑色外皮是質地較硬、味道濃郁的老乳酪（熟成十個月以上）……這中間還有分牛奶、山羊奶或綿羊奶製成的乳酪，種類眾多，族繁不及備載。

來到這裡，不妨每一種都試試看，然後再決定買哪一種為早餐增添營養與風味，亦適合拿來拌沙拉、配啤酒或葡萄酒。

以不同顏色包裝來區分乳酪口味

熱鬧的夏季乳酪市集

漫遊資訊

Kaasmarkt 乳酪市集

地址：Jan Nieuwenhuizenplein, 1135 WT Edam, The Netherlands
時間：7 ～ 8 月每週三 10:30-12:30，
　　　每年 8 月第二個週六會舉行僅只一場的乳酪夜市（20:30-22:00）。
交通：距公車總站（Busstation）步行約 8 分鐘。
備註：每年在夏季舉辦僅八場的白天市集，穿著傳統打扮的搬運工在小船上、市集裡進行乳酪交易買賣。

2-2-3　互動體驗好有趣

　　在市集開始前半個鐘頭，我們正朝新廣場方向前進，迎面而來的是一位頭頂鴨舌帽、身著藍白條紋襯衫與牛仔褲、戴著紅領巾與木鞋造型領巾釦，腳踩一雙歷經風霜的傳統木鞋，手拿印有艾登市徽之紅綠色告示板的工作人員。一手舉著告示板，一手拿著鑼，邊走邊敲邊喊著：『照過來！照過來！在前方廣場即將展開今日的乳酪市集，歡迎大家告訴大家，一起來共襄盛舉！』。

　　這個俗稱「報馬仔」的工作人員聲音宏亮且帶點戲劇性地說著。他每喊完一次，就敲響一次鑼，吸睛指數百分百，活動還沒開始就熱鬧了起來。

　　傳統生活與交易方式，全都體現在今日的乳酪市集裡。在市集監察員的監督下，當地農民利用小船或馬車，將乳酪運送到碼頭，當乳酪從船上卸下時，便由木製雪橇將其運至市場，再由專門的乳酪承運人員（這些都是特殊乳酪公會的成員）將球形乳酪鋪排在地上展示。

親切有趣的「報馬仔」

由本場嘉賓豪達市長敲鐘揭開序曲

特別來賓

　　乳酪市集的開幕和結束是透過敲鐘來完成的。每一場都會邀請知名人士擔任特別嘉賓，例如藝術家、歌手、政府官員、作家、體育及娛樂界代表、和有其他貢獻的人。

可愛的兒童組搬運工

　　首先主持人會先用三種語言，講解乳酪市集即將展開的活動內容，接著由嘉賓致詞後再敲鐘，鐘聲響起便正式進入拍賣活動。現場觀眾可參與免費猜猜樂活動，猜中市集上出售一份乳酪的重量者，便可獲得豐厚的獎品。

　　還有兒童組的搬運工，全身上下打扮和大人組一樣，兩對分別抬著蘋果造型的乳酪球，跟著身穿黑洋裝的女士一起繞場一周，可愛極了！我想他們應該也覺得與有榮焉吧！

穿梭在市集間的還有幾位面貌
姣好、笑容可掬的少女，頭戴白色
蕾絲尖頂帽，身穿荷蘭傳統服裝（藍
白條紋襯衫與大紅裙，木鞋配上紅
色棉襪），端著切好的乳酪讓觀眾
們品嘗。

市集周邊也聚集各種小吃及手
工藝紀念品攤位，現場樂隊吹奏出
輕快且歡樂的音樂，彷彿置身中世
紀小鎮的熱鬧嘉年華，讓人忍不住
也跟著 high 起來。

身穿荷蘭傳統服裝的姑娘端著乳酪試吃盤

測試質量與討價還價

身穿白袍的買家拿著木槌先在
乳酪球上敲一敲（就像我們買西瓜前彈瓜一樣），隨機抽樣以測試質量。
他們使用特殊的鑽取棒先將乳酪取出，以觀、聞、嘗、搓揉等方式判斷品
質，如果覺得質量可以接受，便開始與賣家以獨特的擊掌方式議價，雙方
你來我往的喊價，直到達成共識，否則就再等下一個買家。

敲

鑽

取

搓

擊掌議價

黃紙條代表貨已售出

　　鋪在地上的乳酪堆中若放有黃色紙條，即代表已成交。接著會由兩名戴著草帽的搬運工，將乳酪球以拋接方式裝載到雪橇上，帶到稱重屋去秤量。每家公司在達成購買數量後，就會用馬車或乳酪運送貨車，直接將乳酪送至倉庫或是專賣店保存，等待熟成，直到質量達到最佳狀態為止。

由於提早抵達市集廣場，我們得以坐在第一排近距離觀賞。當買家以鑽取棒取出乳酪時，我們也有幸參與，跟著買家品嘗到乳酪的滋味。

傳統活動持續進行中，賣家看 Nina 興致勃勃地，便上前示範如何擊掌，Nina 的力道太小讓他搖搖頭，反掌就用力一拍～「噢！」一聲響得痛快。無怪乎，他們議價後的手掌是又紅又腫的，肯定是殺價太狠的後果。

全場運動量最大的，就是穿著一身白、戴著草帽的搬運工了。草帽上四種顏色的鍛帶分別代表不同公司，每當一批乳酪成交，他們就用拋接方式將乳酪放上雪橇，至於為什麼要用拋接的方式？我想一方面是為了省時省力，一方面為了展現活力的一種噱頭吧！

貼心的遮陽座位區

有趣的拋接乳酪其實是有技巧的

拋接裝載

奔跑運送　　　　　　　　　　　　　　稱重計量

　　裝載完畢後，兩人一前一後將長吊帶背在雙肩，然後有默契地朝稱重屋方向飛奔而去，雙手有規律的甩動著，挺直腰背，面帶笑容，健步如飛，那畫面真是好看。不過，要背著三十個乳酪球（約五十公斤），還真是非壯男莫屬，難怪各個看來孔武有力。但我相信，抬小朋友肯定比乳酪要來得輕鬆許多啊！

　　互動體驗的氣氛歡樂，兩個小時很快就過去了，大家也已完成今日買賣的任務，最後聚集在稱重屋前，齊唱著無比輕快歡樂的歌謠，遊客們也隨樂起舞搖擺，在快樂的歌聲中，向乳酪市集說再見。

 漫遊筆記

　　由於現場座位有限（僅兩排），欲參與乳酪市集者，建議提早一小時抵達艾登。除了享受晨光漫步的悠閒外，還可以在開始前找個好位子坐下來，晚來就只能在場邊罰站了。

孩子們的歡樂時刻

寧靜的風車村

在嘗過美味的乳酪後，下一個目標當然就是荷蘭風車了。而距離 AMS 最近的就是贊斯航斯（Zaanse Schans，以下簡稱「贊斯堡」）風車村，雖然沒有小孩堤防的風車群純樸天然，多了點商業氣息，但自然景觀仍是美麗，值得造訪。

贊斯堡的名字來自贊區（Zaanstreek），取其社區重建之意，Schans 則隱喻該區是木匠業的避難所，曾在第二次大戰後受到威脅。同時贊區也是西歐最古老的工業區，鼎盛時期曾有大約六百座風車同時運轉，卻仍無法滿足生產的需求。造船業與工業的蓬勃發展，促使贊區成為歐洲商業造船中心，這全是在荷蘭黃金時代（十七世紀）貿易帶來的繁榮結果。

手繪風車村

贊斯堡公車站就位於博物館外

如今的贊斯堡對於觀光客來說，就像一座開放式的博物館，但對於十七、八世紀的荷蘭人而言，卻是生活與工作的場所。

在這裡可以看到荷蘭人如何利用風車產生動力，碾磨製造染料、木材和煉油生產，以及北荷蘭工業革命的進展與繁榮。

 漫遊資訊

如何前往：

巴士：自 AMS 公車總站（CS IJzijde）E 月臺搭乘 391 號巴士，約 15 分鐘一班，車程約 45 分鐘；或搭 891 號直達巴士，約 20 分鐘一班，車程約 22 分鐘。至終站（Zaanse Schans, Zaandam）下，步行至風車村約 140m。

火車：從 AMS 中央火車站搭乘 Sprinter 普通車前往，班次密集，車程約 18 分鐘。在 Zaandijk-Zaanse Schans 站下，步行至風車村約 15 分鐘。

開放式的風車村沒有時間管制，亦不收門票，只有部分開放參觀的風車及博物館會酌收入場費。這裡有各式各樣的小型博物館，例如：乳酪工坊、蕾絲手工藝品店、木鞋工坊、麵包博物館等等，相當有趣。鄉間小鎮的贊斯堡也是個騎乘單車旅遊的好去處，可以沿著贊河（Zaan）而行，一邊欣賞田園風光，一邊欣賞兩岸風情，不用擔心會迷路。

 漫遊資訊

旅遊諮詢中心 Information Centre

地址：Schansend 7, 1509 AW Zaandam, The Netherlands
時間：4～9月9:00-17:00
10～3月10:00-17:00。（休：12/25 & 1/1）
交通：距公車總站步行約200m。
（位於贊斯博物館入口大廳）

 漫遊筆記

可使用 OV 卡或 ARTT 卡搭乘巴士及火車，亦可上車向巴士司機購票。拜訪風車村最方便的就是搭巴士，尤其是拖著行李時。

使用手機 APP「9292」，可以查詢各種交通工具的票價與班次，通常在公車站裡會公告時刻表，建議可以先拍下做記錄。

2-3-1 贊斯航斯的美好住宿

　　Heerlijck Slaapen 是風車村中唯一的 B&B 民宿。依傍在贊河畔、由三棟相鄰的十七世紀建築構成。不僅保存良好，更列入世界遺產名單中。

　　擁有數百年歷史的民宿，每間客房皆以舊荷蘭工藝為特色做裝飾，在主人的用心經營與維護下，保留最獨特的老荷蘭十七世紀風光，並且提供完善的現代化設施，佈置可說是相當雅緻。

　　女主人 Sharon 是個非常熱情開朗的人，在見到她那一刻的招牌笑容開始，就能感受到。幾乎所有的房型都可欣賞贊河或贊代克（Zaandijk）老村莊景觀。

　　Heerlijck Slaapen 意指「一個美好的夜晚」，如同民宿主人所希望的，讓來到這裡的旅人，都能一夜好眠，度過溫馨美好的夜晚。

風車村中擁有百年歷史的唯一民宿

漫遊資訊

地址：Kalverringdijk 17, 1509BT Zaandam, Netherlands

交通：自公車總站步行約 700m。

電話：+31(0)611-854-008

E-mail：reserveren@heerlijckslaapen.nl

房價：€139（雙人），每加一人加 €50，住愈多晚省愈多。含 buffet 早餐。

內容：Shower + WC、風扇、附廚房、廚具、Nespresso 咖啡機、庭院，含稅、Free WiFi。

優點：風車村景點皆在步行距離，環境乾淨且安靜，地理位置極佳。

缺點：走在老房子木製地板上特別響，尤其是樓上若有人住，常會在夜裡嘎嘎作響。

備註：可刷卡，附免費停車（需事先告知）。

童話夢幻

　　我們此行被安排在 Het Noorderhuis（意指北方的房子）的四人公寓，透過古老的鑰匙孔開啟木門，夢幻又柔和的白色、粉藍與粉紅色，隨著目光不斷向後延伸，而如同棋盤的格紋地板，讓人彷彿走進了童話世界。內部的空間寬敞舒適，現代化的衛浴設備，以及歷史可追溯到西元 1650 年的廚房，仍然保留著古老的烹飪爐灶與水泵，巧妙藏於櫃中的微波爐及冰箱，在一一探索後讓人不禁莞爾，收納的真好。

充滿童話風格的廚房

　　這間公寓有兩個房間，主臥室很大，裡面有一個很像城堡中看到的壁爐。面對壁爐的則是一張綠絲絨雙人沙發，前方還有張腳凳及一對銀色大燭臺。試想在下雪的冬天，坐在燒著柴火的爐邊，應是最溫暖的角落了。幾張設計相同的黑木桌上則分別放著幾盞檯燈與電視。沒有梳妝臺，但有一長型落地可移動式的穿衣鏡，還有一張非常大的四人桌椅。

獨擁贊河景觀的雙人房

　　雅緻的蕾絲墊上放著木托盤，盤中有一個非常大的玻璃瓶，插著一束白色清雅，雖不那麼真實，卻也賞心悅目。一張大又舒適的白色雙人床上則放置著浴巾與盥洗用品，還有一支花。從房中佈置及靠枕上的刺繡花飾，不難猜想主人也具浪漫情懷。

　　白天的光源來自一整面漆成深綠色的格子玻璃窗，待在房裡就能盡賞贊河與對岸村莊的晨昏夜景。一入夜，房內燈光昏暗，可說是相當羅曼蒂克，晚上寧靜到連一根針掉到地上都聽得見。由於我們公寓樓上還有一間雙人房，是從另外一個樓梯出入，彼此雖不干擾，但走在歷史的木地板上，還是會發出微微聲響，怕黑者建議選隔壁房睡吧！

　　不若主臥房似古堡房的偌大，走溫馨路線的另一房間，同樣的白色雙人床上有著相同的備品，雖然空間比主臥室小得多，但設計更現代化，更鄰近贊河，主人在窗邊擺放著圓桌木椅，白天拉開窗，可享受微風吹拂的自然感，觀光渡輪、鴨子在河中悠游，激起的河水拍岸聲，彷彿催眠般地令人感到放鬆不已。

私人庭院與碼頭

　　最、最、最棒的是，這公寓還獨擁美麗又寬敞的庭院，院子擺放著兩張木製野餐桌椅，三五好友可以坐在開滿粉色繡球花的院子裡，或野餐，或開懷暢飲，或是欣賞對岸村莊與贊河上的觀光渡輪，亦或是站在岸邊的甲板上看著鴨子家族逛大街，即使什麼都不做，也感到相當地悠閒。

獨享贊河畔的悠閒時光

豐盛的早餐

　　早餐房及接待櫃臺都在房門外，笑臉迎人的 Sharon 道早安後說：你們可以放心，無需上鎖，我們都在這裡，盡情放鬆地享用早餐吧！餐廳裝飾得清新又典雅，在我們欣賞擺設之際，Sharon 已將裝好各式麵包的三層瓷盤送上桌，說明不夠可以再續。另一頭，男主人為我們現做熱拿鐵咖啡，不喝咖啡的則可在裝有 Pickwick 各式荷蘭茶包的木盒中任選沖泡。

　　角落的大櫥櫃上滿滿的食物，不乏起司、火腿、蔬果、麥片、鮮奶、果汁，以及裝在蛋杯裡的水煮蛋，拉開的抽屜裡還有多種口味的餅乾棒，餐點相當豐盛。可愛的是，不論是從小小的蛋杯、咖啡杯或是早餐盤，全都印有主人伉儷的 Q 版人像圖案，勾勒出享用早餐的幸福感。

　　熱情的主人不僅令我們印象深刻，住宿品質更是超乎我們預期。無論是想預訂餐館或是諮詢行程，他們都可以給予最道地的建議。這裡離 AMS、北海小漁村都很近，交通便利，CP 值高，又可遠離鬧區的喧囂，沒有理由不推薦。如果讓 Nina 再選一次，我仍然會選擇在此度過美好的夜晚。

豐盛的自助式早餐

熱情的民宿主人 Sharon

漫遊筆記

透過 Nina 的專屬連結「好友同享」訂房回饋（$500）

2-3-2 小鎮慢慢逛

適合騎乘單車或漫步遊覽的村莊

　　贊斯航斯位於北荷蘭省贊代克（Zaandijk）附近的一個小村莊，有著「荷蘭風車博物館」之稱，自西元 1970 年至今，約有三十五座保存良好的荷蘭古風車及房屋被移至博物館區。

　　由於交通便利，每年約可吸引上百萬名遊客到訪。風車村其實不大，光靠步行就能走遍，若想沿著贊河一路往北，不妨租輛單車，邊騎邊逛比較省力些。風車村及火車站外都有提供單車租借服務，可以多加利用。

　　若是搭火車前來，可從正前方的車站大街（Stationsstraat）直行到底後左轉，此時會看到一座立在路口的大風車，這是荷蘭現存最古老的木製風車磨坊（De Bleeke Dood），目前僅在每週五研磨麵粉，並在一樓店面販售，沒有開放參觀。接著便右轉走上朱利安那橋（Julianabrug），建議靠左側走，可以從橋上欣賞贊河及風車群景觀，過了橋後就進入風車村。

位於風車村裡的單車租借服務

　　如果像我們拉著大行李進入村莊的話，建議還是搭巴士較輕鬆些，巴士站便是停靠在贊斯博物館外，從這裡進入村莊不過二分鐘的腳程，相較於火車站步行至此約十五分鐘路程便利許多。

漫遊資訊

贊斯堡單車租借服務

地址：Kalverringdijk 25
時間：4 ～ 9 月 9:00-
　　　18:00（雨天休）
交通：距公車總站步行
　　　約 550m。

112

小橋、流水、人家

小橋、流水、人家的美麗景致

　　風車村是著名的觀光景點，設立目的在保護歷史遺產，但它不是一個封閉的露天博物館，而是仍有人居住與工作的小村莊。從朱利安那橋進入風車村，映入眼簾的就是一片綠意盎然，名副其實的小橋、流水、人家。

　　這些保存良好的木屋有著原始模樣，正立面就是典型的荷蘭木屋設計。它們都是在西元 1961 至 1974 年間，使用拖板車從贊區各地搬過來的。一些磨坊也搬到了此地，只有染料及煉油磨坊是原本就存在外，其餘的風車磨坊都是後來運到這裡來建村的。

　　小村莊的規劃相當良好，指標也很清楚，進入風車村隨著人潮會自然沿著 Kalverringdijk 河岸走，可以好好享受田園風光，村莊內的步道不多，想要迷路也很難。當地居民每日依舊過著辛勤工作的生活，工匠們仍埋首於工廠與磨坊間。在欣賞大自然風光的同時，也別忘了要尊重當地人的生活步調，這裡的咖啡廳及餐廳隨著遊客的離去而打烊，到了晚上及週末假日幾乎沒有營業，甚至有營業的，也得要事先預約才能飽餐一頓。計畫過夜的旅客，也要採買好糧食及預訂用餐去處，因為這裡入夜後，就剩下一片寧靜祥和的氛圍了。

博物館區巡禮

「荷蘭風車博物館」可非浪得虛名，小小的村莊就有七座博物館：織工之家（Wevershuis）、桶匠之家（Kuiperij Tiemstra）、漁民之家（Jisperhuisje）、贊斯鐘錶博物館（Museum Zaanse Tijd）、阿爾伯特‧海恩博物館商店（Museumwinkel Albert Heijn）、麵包博物館（Bakkerijmuseum）。

想透過視覺、聽覺及味覺，更深入了解贊斯堡的歷史及早期的生活方式，那就非贊斯博物館（Zaans Museum）莫屬了。若想參觀風車磨坊及多處博物館，不妨購買一張贊斯堡卡（Zaanse Schans Card），節省門票費用外，還可在眾多商店得到優惠折扣。

贊斯博物館於西元 1998 年落成，是為了保護贊區的歷史文化遺產而建。西元 2009 年擴建，增加了有趣的 Verkade 體驗館。Verkade 是荷蘭一家生產製造餅乾、巧克力及茶燭的家族企業公司，目前與博物館合作，只要花少許門票，便可設計屬於自己的巧克力包裝紙，然後將巧克力成品帶回家，是個能讓全家大小都融入的 DIY 體驗活動。

參觀博物館的另一個重點是：莫內的油畫。他在西元 1871 年來到了贊丹，對當時的贊河景觀、風車與木屋印象深刻，於是創作出令人讚嘆的二十五幅畫作和九幅景觀草圖，展出的主題便是當年他對贊區的美麗印象。

 漫遊資訊

贊斯堡卡

票價：€15 ／全，€10 ／ 4-17 歲
購買地點：旅遊諮詢中心、各博物館及商店
免費參觀：風車磨坊四選一（De Kat、Het Jonge Schaap、De Zoeker 或 De Bonte Hen）、
　　　　　贊斯博物館、贊斯鐘錶博物館、織工之家、製桶之家、漁民之家。
優惠折扣：在眾多紀念品店、餐廳、咖啡館、單車租借、風車遊輪等，享有 10 ～ 45% 折扣。

不只如此，贊斯博物館在西元 2016 年增加了以下三個參觀地點，將贊區歷史與往日生活更加生動地呈現在眼前：

漁民之家

原位於贊區最小的 Jisp 村莊裡，以捕魚業為生，鯡魚和捕鯨是當時居民重要的收入來源。在這裡可以穿著傳統服裝，與當時居民裝扮一樣，然後在壁爐或箱型小床前留下紀念的照片。

 漫遊資訊

贊斯博物館

票價：€12 ／全，€8.5 ／學生、10 人以上團體及 65 歲以上，€6 ／ 4-17 歲。（票價已含導覽機）
地址：Schansend 7
時間：4 ～ 9 月 9:00-17:00，10 ～ 3 月 10:00-17:00。（12/ 25 & 1/1 休）
交通：距公車總站步行約 200m。
備註：可使用「荷蘭通行證」1 張銀券、「贊斯堡卡」、「阿姆斯特丹城市卡」或「博物館卡」

贊斯博物館

 漫遊資訊

漁民之家（Jisperhuisje）

票價：€2 ／全，€1 ／ 4-17 歲
地址：Kraaienpad 4
時間：4 ～ 9 月 11:00-16:00
交通：距贊斯博物館步行約 210m。
備註：可免費使用「贊斯堡卡」，或使用「阿姆斯特丹城市卡」、「博物館卡」可享有 50% 折扣。

織工之家

織工之家（又稱韋佛之家）

　　在十八世紀便有兩個家庭合住在設有五部織機的房舍裡，二十世紀初期間一直作為織布廠，直到西元 2015 年於風車村重建，博物館藉以展示傳統家居的編織工藝。

桶匠之家

　　源自 AMS 北部一處的木桶製造商，在最後一位繼承者過逝後，便將整個製桶工坊捐贈給博物館。博物館導覽員為遊客展示並解說當年製桶的舊工藝，內部樸實無華，原味呈現老木匠的製桶精神。

 漫遊資訊

織工之家（Wevershuis）

票價：€2 ／全，€1 ／ 4-17 歲
地址：Zeilenmakerspad 8
時間：10:00-17:00（12/25 & 1/1 休）
交通：距贊斯博物館步行約 200m。
備註：可免費使用「贊斯堡卡」、「阿姆斯特丹城市卡」或「博物館卡」。

 漫遊資訊

桶匠之家（Kuiperij Tiemstra）

票價：€2 ／全，€1 ／ 4-17 歲
地址：De Kwakels 2
時間：4 ～ 9 月 11:00-16:00
交通：距贊斯博物館步行約 300m。
備註：可免費使用「贊斯堡卡」、「阿姆斯特丹城市卡」或「博物館卡」。

風車磨坊

　　整個贊區現有十五座磨坊和三座小型風車，其中十三座由贊區磨坊協會（Vereniging De Zaansche Molen）擁有。這個協會於西元1925年成立，目的是維護贊區現有的磨坊工廠。在西元1928年時，亨德里克親王（Prins Hendrik）在Koog aan de Zaan開設了磨坊博物館（Molenmuseum），讓大眾對於贊區曾擁有的一千多座風車磨坊歷史有更多的了解，畢竟這是贊區最具代表的特色。

　　協會裡的成員是來自世界各地的無薪志工，負責維護和修復現有的磨坊。透過政府與企業的補貼，還有基金會的捐贈，得以持有磨坊所有權和博物館對大眾的吸引力與教育意義。除此之外，他們也在網站上號召，歡迎更多的志工加入協會，一同為保護國家古蹟共襄盛舉。

　　大部分的磨坊都可以參觀，但需額外付費，只有少部分要預約才能參訪。目前在贊斯堡可以看到八座磨坊及二座小型風車，目前可供參觀的五座古老風車由北到南依序是：De Bonte Hen、Het Jonge Schaap、De Zoeker、De Kat、De Huisman，不外乎是香料、顏料、榨油及鋸木磨坊，像是時光倒流，彷彿回到荷蘭十七、八世紀的田園生活。

從左至右依次是：De Bonte Hen、Het Klaverblad、De Os、Het Jonge Schaap, De Zoeker, De Kat 和 De Gekroonde Poelenburg

目前在贊區僅剩五家榨油磨坊，除了 De Zoeker 與 De Bonte Hen 這兩座仍在運作並開放參觀外，其餘的 De Os、De Ooijevaar、Het Pink 三座目前業已停用（仍可遠觀）。De Bonte Hen 自西元 1693 年以來，經歷多次的雷擊災難，通常是很難存活的，可說是贊區六百座風車當中，確有幸運之神眷顧的。

Het Jonge Schaap 鋸木磨坊

建於西元 2007 年，是贊區磨坊協會最年輕的成員，故以小綿羊（The Young Sheep）命名。獨特的六角形鋸木廠，原本位於贊丹火車站附近，於西元 1680 年建立，西元 1942 年拆除。而在拆除前，阿克馬的磨坊專家安東西普曼（Anton Sipman），事先對它進行全面測量，詳細繪製完整的設計圖，如今所見是為其複製品。根據安東的設計圖，藉助現代計算機技術，歷時兩年複製完工，如今又開始了繁忙的鋸木工作，並且對外開放參觀，設有無障礙設施，歡迎各界人士到訪。

De Zoeker 榨油磨坊

建於西元 1672 年，是荷蘭最後一個用來研磨花生、種子及豆類的榨油風車。西元 1925 年時，這座立於贊代克村莊一處空曠田野間的風車，曾無數次遭受旋風襲擊，瀕臨消失的危機。後來在磨坊擁護者及贊區居

De Bonte Hen
票價：€4.5 ／全，€2 ／ 6-12 歲。
地址：Kalverringdijk 39
時間：4 ～ 10 月 10:00-17:30
　　　11 ～ 3 月週四～日
　　　10:00-17:00（12/24 & 25、1/1 休）

Het Jonge Schaap
票價：€4.5 ／全，€2 ／ 6-12 歲。
地址：Kalverringdijk 31A
時間：9:30-16:30

贊河畔的鋸木、榨油與染料磨坊

De Zoeker
票價：€4.5 ／全，€2 ／ 6-12 歲。
地址：Kalverringdijk 31
時間：3 ～ 10 月中旬的週日～五 9:30-16:30
　　　7 ～ 8 月每日開放
　　　（12/24 & 25、1/1 休）

民的努力之下，成立了贊區磨坊協會，因而受到保護。

西元 1968 年時遷移到現在的位置，風車底座及側邊木棚是後來建造的，但八角形屋頂可還是原先那座風車機體。當時，重達十八噸的屋頂整座被吊起後，跨越鐵路的高空電纜，一路來到碼頭，再乘船前往贊河東岸的贊斯堡，這對一個老磨坊來說，真是太酷了！當年這個壯觀的遷移活動，還登上了世界新聞的版面。

De Kat 染料磨坊

建於西元 1646 年，原是榨油廠，西元 1782 年歷經火災後重建。在風車的八角形屋頂有 1781 及 1960，這兩個數字分別代表了建造與重建年份。當年重建後改造成油漆廠，目前則是世界上唯一一座仍在營運的染料磨坊。至今仍採用傳統方法生產高品質的油漆、顏料、粉筆和油，並提供繪畫顏料給世界各地藝術家及畫作修復（像是林布蘭故居、梵蒂岡博物館等）。想要獨一無二的紀念品，來這裡準沒錯！

De Kat 染料磨坊

De Kat

票價：€4.5／全，€2／6-12 歲。
地址：Kalverringdijk 29
時間：4～11 月 9:00-16:30，12～3 月週三～日開放，週一＆二或團體可與磨坊主人預約參觀（12/24 & 25、1/1 休）

De Huisman

地址：Kalverringdijk 23
時間：10:00-17:00（1/1 休）

De Gekroonde Poelenburg 鋸木風車

　　來到贊河畔，沒有人不被它又大又亮麗的外表所吸引。建於西元 1867 年的風車曾為了市政府要建造新的住宅區而遷離，並於西元 1963 年來到了贊斯堡。現今的位置在當時是有另一座磨坊立在那裡，就像其他的風車一樣也擁有悠久且複雜的歷史。西元 1991 年在磨坊旁加蓋了流線型優雅的木棚，到了 2004 年徹底進行修復工程，外部以木板重建，塗上原始的綠色。

　　這風車頭生得一張卡通（Thomas de locomotief 湯瑪士小火車）造型的臉，相當吸睛可愛。在早期可是有兩百多座類似的造型，現如今在贊區只剩下唯二。目前沒有對外開放，欲參觀可諮詢磨坊主人。

有著可愛火車頭的鋸木風車

De Hadel 小風車

De Huisman 香料磨坊

　　這座八角形的風車磨坊仍在使用中，內部除了展示原本的風車構造（將小麥磨成粉）外，自西元 1955 年便結合了 Indie' s Welvaren 香料廠，至今仍製作正宗的贊式芥末醬，以及販售新鮮的美味香料。

麵包博物館（左）與香料磨坊（右）

　　此外，還有一些風車負責圩田的排水，對與海爭地的荷蘭來說，圩田風車也在確保國家土地變得更大。漫步風車村中可以輕鬆地找到兩座小型風車：De Hadel 和 De Windhond，皆為市政紀念碑。早期有許多年輕人會在農場或小穀倉裡四處建造小磨石坊，將砂岩磨成細砂後轉售給製作打磨及磨料的工廠，以賺取外快。

創意手工紀念品

　　贊斯堡有許多手工藝品店，像是根據十八世紀傳統方法製造的可可實驗室（CocoaLab），不時飄出濃純香的熱可可味道。隱身在贊河畔昔日美麗茶屋中的錫製品鑄造廠（De Tinkoepel Tinnegieterij），這座列入文物保護的建築，是荷蘭僅剩的錫製造廠之一，也是西元 1968 年方從贊丹火車站附近移到贊斯堡來的。因為是手工製作的紀念品，所以價格自然會高一些，但仍值得一訪。

漫遊資訊

Zaans Gedaan CacaoLab

地址：Kalverringdijk 25
時間：10:00-17:00

漫遊資訊

De Tinkoepel 錫製品鑄造廠

地址：Kalverringdijk 1
時間：4～9 月 10:00-17:00
　　　10～3 月 11:00-16:00

迷漫香氣的可可亞實驗室

很好買的紀念品店

還有一家 Nina 滿推薦的「Orse Ket Aan' t
Glop」商店，不僅有荷蘭的知名品牌，也擁有
自己獨特的商品。商店位於一棟複合建築內，
商店區的歷史可追溯到十九世紀，而房屋的其
餘部分則建於西元 1630 年。

地址雖然在 Kalverringdijk 上，但已是道廢
棄門，真正入口位於轉角處，門口有個米飛兔就坐在小推車裡。

走進商店，琳琅滿目的商品令人目不暇給，裡頭有一個小房間展示著
各式各樣的米飛兔，還有一個角落可以試戴美麗的帽子，當然，少不了木
鞋與風車造型紀念品，各種顏色應有盡有。

在這個充滿時尚與荷式經典的禮品店裡，價格平實，讓人忍不住買了
又買。這裡不僅提供購物，還可報名參加創意工作坊。

 漫遊資訊

Orse Ket Aan't Glop

地址：Kalverringdijk 21
時間：10:00-17:00
備註：可刷卡

假日不開門，上哪兒覓食去？

　　風車村是個熱門的觀光景點，白天人聲鼎沸，許多旅行團會到此一遊。村內景點靠雙腳就能走遍，也只有少數的小館子提供簡單的三明治或咖啡，想當然爾，物以稀為貴。隨著觀光客的停留時間，大部分的景點或簡餐店皆營業至下午五、六點，甚至部分假日是休息的，要想在有規模一點的餐廳用餐，就非得訂位不可。

　　從風車村走過朱利安那橋來到贊代克老村莊，我們選擇向右，沿著 Lagedijk 前行。如果是平日而且在下午五點前來訪，橋頭附近不乏優質的餐館，甚至有這裡最棒且供餐的烘焙館。若是週末假日前來，最好先確認餐廳的營業時間，或請民宿老板推薦及代預約，同樣可以滿足口腹之慾。

贊丹區的熱門餐館

綠能建設啤酒釀製廠

　　說是老村莊，但一路上房子林立，看起來像是社區一般地整齊，花木扶疏，綠意盎然，除了偶有車子經過的聲音外，就是一片寧靜詳和的氛圍，怎麼看也看不到哪裡有可以飽餐一頓的地方。總算皇天不負苦心人，多走一些路後，竟被我們找到了優質的餐館「Brouwerij Hoop」（希望啤酒廠）。重點是：營業中！真是感動到快哭了。

　　「希望啤酒廠」如同它的名字一樣，不是過度的妄想，而是對未來要充滿希望。來自加拿大的啤酒鑑賞家 Derek Walsh 專門從事啤酒配方的改良與風格設計，也被稱為「啤酒造型師」。他特地為「希望啤酒廠」開發

了五款與贊丹人民相關的啤酒，並以其歷史故事命名，製作漂亮的外觀和標籤。

　　這是一家近期開業且使用綠能建設的啤酒釀製廠，因此在啤酒廠、餐廳與辦公室的屋頂上設製了三百多個太陽能電板，成為啤酒廠永續發展的重要建設之一，提供足量且口感無異的中性啤酒。

新鮮食材，烤功了得

　　一進餐廳就可以看到大大小小的釀酒桶，白天可以付費參觀酒廠，然後再悠閒地享用午餐。若只想輕鬆地單純品酒，也可選擇配套方案。

　　此刻天雖未暗，卻已時過八點，幸運的是，廚房供餐到十點。我們被帶位到接近開放式廚房的位子，可以看到廚師們俐落的動作，還有那一個透明、正在運轉著烤雞的大型烤箱。烤雞配啤酒，再搭不過了。飢腸轆轆的我們，快速地點了烤半雞、朝思暮想的啤酒淡菜鍋、綜合烤蔬菜，以及侍者推薦酒廠出產的啤酒。

開放式廚房

餐點提供的選擇雖然不多，但食物的品質非常好。每份餐點都會搭配一小包薯條，一看就知道是整顆馬鈴薯下去切的，還帶著皮，並且附上特有的美奶滋沾醬及半株烤蘿蔓。

很快的，香噴噴的烤半雞終於上桌了。把焦黑的雞皮去除，不會過柴又帶點水份的雞肉，馬上征服全家人的胃。

來歐洲都大魚大肉的，有機會就想補充點蔬果，沒想到這份綜合烤蔬菜的份量不多，裡頭有切片的櫛瓜及甜椒，烤後仍保有水份。這家餐廳強打以四百度高溫燒烤新鮮食材，尤其是肉類料理，果真烤功了得，建議菜單中還有一道安格斯黑牛自製漢堡料理，評價頗

香噴噴的烤半雞

啤酒淡菜

美食餐訊

營業時間：餐廳 11:00-23:00，週五～六至 00:30 ／商店每日 10:00-18:00。

地址：Lagedijk 69-73, 1544 BC Zaandijk, Netherlands

電話：+31(0)75-204-7000

E-mail：restaurant@brouwerijhoop.nl

交通：距民宿步行約 10 ～ 15 分鐘。

備註：可刷卡

高，此行沒機會吃到，建議旅人們可以點來嘗嘗。

期待已久的啤酒淡菜鍋，壓軸上場。大碗中盛滿了大顆又肉質飽滿的淡菜，以酒廠的啤酒加上紅蘿蔔、芹菜一起烹煮，更加提鮮淡菜的口感，粒粒Q彈，而且愈吃到下面，啤酒味愈濃，除了少許鹽巴外，沒有添加任何調味料，原汁原味呈現，不禁令人大快朵頤。

服務人員不僅友善，效率也高，推薦的餐點還滿合我們胃口的。推薦的兩款淡啤酒分別來自「希望釀酒廠」的「Waterwolf」及「Breugem釀酒廠」的「Saens Blond」。前者帶點杜松子、佛手柑和檸檬香，口感較為強烈辛辣；後者的果香和花香，有回甘的感覺。雖然有點小杯，但味道都不錯，特別的是，他們還製作與啤酒同款的杯墊，以漫畫圖案訴說著贊丹的歷史故事。估且不論看懂與否，帶著黑色幽默的畫風，也為啤酒增添新意。

自家釀酒廠出產的淡啤酒

 漫遊筆記

餐廳

有提供英文版菜單，通常我們會先請侍者推薦招牌料理再做決定。想喝道地的啤酒，不用看著琳琅滿目的酒單而發愁，請他們推薦搭配酒款準沒錯。喜歡吃海鮮的人，千萬別錯過了菜單上的「Catch of the day」（當日漁獲），也算是無菜單料理。以當天捕獲的食材為主，當然亦為浮動價格，建議先詢問提供什麼海鮮、如何料理，以及價格多少等問題後，再決定點餐內容。

參觀釀酒廠

他們的員工會一一介紹及回答問題，結束後每人可以試飲四種特別啤酒，亦或是選擇咖啡、茶或是軟性飲料（€14.50／人）。5歲以下免費，6～17歲附一杯不含酒精飲料（€6／人）。

品酒行程

必需事先預約，最少2人，最多15人。在餐廳營業時間內享用四杯特別啤酒（€9.50／人），同時有搭配開胃菜的特價組合（€19.50／人）。

迷人的前庭用餐區

2-3-4 非得預約才吃得到的熱門餐廳

黑鯨冀望餐廳（Restaurant De Hoop op d'Swarte Walvis）是荷蘭最著名、最美麗的法式料理餐廳之一。這棟迷人的建築已有五十年以上的歷史，依傍贊河的大型庭院，更是夏季最受歡迎的用餐區，另設有碼頭供客人使用，一邊用餐還可一邊欣賞一百八十度的贊斯堡與贊代克村莊景觀。另一個迷人的庭院就位於餐廳前面，人來人往的贊斯堡主街上。

餐廳由三座歷史悠久的建築群組成：建於西元 1717 年的孤兒院（Het Weeshuis）、商人之家（Het Koopmanshuis）和捕鯨人倉庫（Het

餐廳招牌上醒目的黑鯨魚

Vleethuis）。如今成為了提供單點菜單的主餐館、小酒館以及酒吧，亦提供可租用的私人會議室。贊代克的舊市政廳也是這餐廳營運的一部分，當時是由富商和石油生產商 Cornelis Florisz de Lange 於西元 1752 年建造的。除此之外他也參與捕鯨，這家餐廳的名字便由此而來。

餐廳位於入住的民宿隔壁，不但網上推薦有名，就連民宿主人都稱讚，說什麼也要來試試。第一晚經過門口，往內看不到幾個客人，還以為沒什麼人光顧，一問才知，因食材要事先準備，必須預約才能入內用餐。想想也是，大部分遊客及旅行團都不會在此過夜，想當然爾，會留下來吃晚餐的饕客自然不多，為求新鮮供應，預約成了必然。幸虧我們在此停留兩宿，二話不說，立刻向侍者預約隔日的晚餐。

餐廳的啤酒同樣來自「希望釀酒廠」及「Breugem 釀酒廠」，亦可品嘗到贊區生產的道地啤酒。晚上八點準時來到仍充滿陽光的戶外用餐區，雖不若白天的炎熱，也許是血糖降低緣故，讓人忍不住加了件外套，照慣例先點了飲品，再來研究菜單。

單點菜單上已用了風車記號標出受歡迎的菜餚，飢腸轆轆的我們，很快就點完餐，三兩下就把桌上的那盤切片麵包解決。當然，天下沒有白吃的麵包，這可是要收費的，若不想吃可以請侍者先收走。

餐酒

切片麵包

 美食餐訊

營業時間：12:00-21:30
　　　　　（週一休）
地址：Kalverringdijk 15
電話：+31(0)75-616-5629
E-mail：info@dewalvis.nl
交通：距公車總站步行約 10
　　　分鐘。
備註：需預約，可刷卡，免
　　　費停車

我們點了三份主餐：今日特餐（當日漁獲）、Beemster 牛排以及大牛肉漢堡。正好今日特餐為鮭魚料理，是「超大翻譯機」的菜。一端上桌果然有著法式的優雅，這道「香煎鮭魚排佐雞蛋寬麵、搭配香草沙拉和泰式咖哩醬」竟出乎意料的好吃。咖哩醬汁不甜不辣，和著雞蛋寬麵滑順好入口，卻搶不走鮭魚的鮮甜。

　　另一道「Beemster 牛排佐馬鈴薯派、搭配綠色蔬菜與馬德拉醬汁」相當鮮嫩多汁，畫龍點睛的醬汁讓這道料理充滿法式風味。原以為菜單上寫的大牛肉漢堡份量十足，甫上桌時還真有點出乎預料的「小」！同樣選用 Beemster 牛肉搭配熟成乳酪的「牛肉漢堡」，佐以贊斯甜辣醬、胡椒與紅洋蔥。若非附上的自製薯條，如此份量對正值發育的青少年來說是不夠的，不過招牌就是招牌，兒子們吃得津津有味。

香煎鮭魚排

Beemster 牛排

大牛肉漢堡

迷人的夕陽景緻

這頓晚餐跳過前菜、沙拉，品嘗完主菜也喝了葡萄酒，一個多小時的用餐時間，剛剛好，沒有負擔。餐廳也依季節提供主廚精選四～六道菜的套餐，可依個人需求決定點餐方式。

華燈初上的靜謐夏夜

夏季天黑得晚，九點多才見夕陽，走回比鄰餐廳的民宿後花園，正好欣賞落日餘暉。結合法式現代與荷式歷史古蹟的餐館，夏夜的靜謐，華燈初上的景緻，唯有身在其中，才能感同身受。

2-3-5　好好買的木鞋工坊

主人寇伊曼（Kooijman）家族最感到自豪的是，木鞋企業擁有四十多年歷史且已傳承三代。其首座木鞋工坊（Klompenmakerij 'De Zaanse Schans'）就座落於贊斯堡一個建於十八世紀中葉，擁有三個通道，名為「和平」（De Vrede）的庫房內（昔日用來儲存糧食、鼻煙和麵粉）。

已傳承三代的木鞋工坊

木鞋展覽館

出於對木鞋的喜愛，亞普（Jaap）寇伊曼經過多年的努力，收集到最多系列的荷蘭木鞋收藏品。儘管如此，還是有許多用過的木鞋付之一炬，最古老的木鞋歷史可追溯至西元 1250 年。

當我們一走進木鞋工坊，首先映入眼簾的便是展覽館成排玻璃櫃，展示著各式各樣的木鞋收藏品，令人目不暇給，留下非常深刻的印象。哇！想想一千年前，人人都穿著便宜又好用的木鞋，如今呈現在大眾面前的，

都是幸運被收藏的寶物，而我們也有幸一睹全荷蘭最大最美的木鞋收藏系列之獨特風采。

雖說之前也看過其它國家的木展，但全木製的木鞋卻是典型的荷蘭特色。就荷蘭的每個地區也都有屬於自己的木鞋工坊，連形狀都各有不同，甚至從人們腳上穿的木鞋，就可以分辨其家鄉所在，這真的太厲害了。

木鞋是在外出時才會穿上，用以保護與暖和足部，進屋前再將木鞋脫下掛在架上。不同的工作要穿不同的鞋，就連馬匹為了可以在溼軟的泥地裡行走，也有「馬用木鞋」。為了因應嚴寒的冬季好在冰上行走而製作出可在鞋跟上裝鐵釘的「冰鞋」（類似釘鞋），如此便具有防滑作用，甚至有雨天專用的雨鞋（長型鞋管加上木鞋組合而成）。

值得造訪的木鞋展覽館

令我們驚奇的是，為了上教堂及特殊用途，竟有專門的「星期天木鞋」，通常描繪寓言或宗教場景，像畫一樣美麗，其他的就只是用美麗的花卉圖案裝飾。

一般我們比較常見的不是黑色就是素面的工作鞋，為了容易辨識，往往會在木鞋上自由發揮，刻下姓名或作上記號。

還有婚禮專用的喜慶木鞋，通常是由準新郎來製作切削華麗的新娘木鞋，有象徵著信仰、希望和愛情的裝飾，精雕細琢的程度令人嘆為觀止，無怪乎多數新人都會在婚後，將新娘木鞋收藏保存於家中最美的房間裡，因為實在太美了，穿壞了可惜。

令人嘖嘖稱奇且不容錯過的便是一雙超級閃亮的「鑽石木鞋」，絕對是鎮館之寶，木鞋迷肯定要來此親眼目睹它的風采。

美麗如畫的「星期天木鞋」

精雕細琢的「婚禮木鞋」

金光閃閃的「鑽石木鞋」

木鞋製作示範

木鞋製作的示範與詳細解說

　　以前的木鞋全靠手工製作，得花上好幾個小時，直到十九世紀末為了滿足大量需求，才開發製鞋機器。隨著上個世紀工業化和經濟的繁榮發展，人們對傳統木鞋的需求開始下降，城市尤甚。早在一百年前，還有八千多人從事木鞋行業，如今僅剩數十人，幸虧寇伊曼家族挽救了數臺差點被報廢的老式木鞋製作機，將荷蘭傳統工藝保留並傳承下去，讓後代得以體驗這聞名於史的工藝技術。

　　至今他們仍採用與百年前相同的製鞋方法，示範如何使用古董級的機器製鞋，其原理跟配鑰匙一樣，只不過原料換成了木頭。木鞋即將完成前，還得靠人工手藝，使用特殊的切削刀將鞋底和鞋尖削到正確的形狀，這可是機器無法勝任的工作。新一代接班人還能用十一種語言，為旅客免費進行木鞋製作的示範與解說，聽到幾句中文還真是新鮮的體驗呢！

令人愛不釋手的紀念品區

　　「我們在店內出售各種類型和尺寸的木鞋，您可以將之作為安全實用的特殊風格鞋來穿，亦可作為荷蘭紀念品帶回家去。從過去、現在到未來，木鞋都是荷蘭不變的象徵！」——木鞋工坊以此為傲的精神。

　　在逛完後，便不難理解這份驕傲。眼前彩虹般顏色的木鞋從天花板到地板，每一樣式都讓人喜愛不已，價格也很合理，非常好看、好逛又好買。來到贊斯堡，千萬要預留行李空間及到訪時間，以免錯過可惜。建議早上九點前或下午四點後到訪，否則等旅行團進來，就很難逐一欣賞美麗的收藏品了。

琳琅滿目的紀念品區

 漫遊資訊

木鞋工坊

票價：免費
地址：Kraaienest 4
時間：3 ～ 10 月 8:00-18:00
　　　11 ～ 2 月至 17:00
　　　耶誕節期間&元旦 9:00-15:00
交通：距公車總站步行約 400m。
備註：可刷卡。

好好吃的乳酪工坊

　　典型的荷蘭美食代表之一就是乳酪，除了前篇介紹過關於傳統乳酪市集交易方式外，要想了解乳酪的製作及品種差別，可以到荷蘭各大城市的專門店，或是風車村的乳酪工坊（Kaasmakerij Catharina Hoeve）。

　　這是來自 Henri Willig 家族的農場自產的乳酪，至今已超過四十年的歷史，同樣堅持傳統手工製作的高品質，他對製作出最美味乳酪的堅持與熱情，使得在各種國際錦標賽上贏得數座獎項，Henri Willig 的乳酪可謂享譽全球。

風車村的乳酪工坊

傳統農場縮小版的體驗

　　乳酪工坊所在位置是一個十七世紀的舊乾草穀倉（De Haal），目前是對外開放的免費工坊，並仿造傳統的農場，有穿著傳統服飾的導覽員，免費講解關於品牌的一切，好比乳酪製程、種類與年份等，使遊客能更進一步了解豪達乳酪、山羊及香草乳酪的區別。

　　和木鞋工坊一樣，每日都有多達十種不同語言的產品示範，解說時間約莫十分鐘，在那之後可以到商店區去試吃每一種口味，保證買到最新鮮的乳製品。荷蘭人為何如此高大？走一趟乳酪工坊就可得知。

　　如今在各大超市及「Cheese & More」店舖，都可以看到其特有的註冊商標，並且豪不吝嗇地提供試吃品，不同的口味會用不同的顏色包裝。除此之外，還有糖果、焦糖煎餅、各種醬料、切削工具等紀念品提供選擇。角落的小吃部，也有提供三明治、熱飲及冰淇淋。

逛完一圈，也吃到多種口味的乳酪，其中最喜歡的就是豪達、香蒜、煙燻等口味，於是選了禮品袋，內容除了一顆原味的乳酪球（Baby Gouda）外，還有經典的芥末蒔蘿蘸醬（Mustard dill）及把手由木頭製成的切片刀。

買之前也擔心過保存問題，詢問專人得到「由於採用特殊工藝，故無需放置冰箱也能有較長的保存期」後才放心購買。

價格來說，單價不比在乳酪市集購買便宜，但有提供許多乳酪組合的禮品袋，相當推薦直接購買，若只想買在路上自個兒慢慢吃的話，不用考慮太多，喜歡就帶走吧！

導覽與解說

漫遊資訊

乳酪工坊

地址：Zeilenmakerspad 5
時間：3 ～ 10 月 8:00-18:00，
　　　11 ～ 2 月 8:30-17:00
交通：距公車總站步行約 500m。
備註：可刷卡。

Chapter 3
漫遊中荷蘭
摩登城市

荷蘭第二大城

鹿特丹

鹿特丹（Rotterdam）是荷蘭第二大城市，位於荷蘭的南荷蘭省新馬斯河（Nieuwe Maas）河畔。名稱由來可追溯到十三世紀，在鹿特河（Rotte）上修築一座大壩（Dam）抵禦氾濫因而得名。

這座歷史悠久的大城在二次大戰中，被德軍轟炸，數分鐘內這個最大的港口及整座城市陷入火海，建築幾近全毀。縱使城市變為焦土，但鹿特丹人還存在，並且開始計畫重建城市。

一般來說，重建工程都會先從可利用的斷垣殘壁進行修復，儘管多數人都希望能恢復這座十四世紀歐洲古城樣貌，但鹿特丹卻獨闢蹊徑，清理掉所有的廢墟，從頭開始建立新的城市。這是需要多大的勇氣，還得政府及人民的大力支持與配合，才能做到的啊！

眾所皆知，荷蘭是個與海爭地的國家，最低點就位於鹿特丹東北方的 Zuidplaspolder 圩田，平均低於海平面七公尺，極易受到海平面上升及降雨的影響。荷蘭工程師們提出許多方法來應對，讓鹿特丹像座海綿一樣，

中央車站內的 VVV 櫃臺

 漫遊資訊

鹿特丹旅遊諮詢中心(VVV)

中央車站 Stationsplein 21, Rotterdam（大門入口處）

時間：夏季 9:00-19:00，其餘週
日～三至 20:00、週四～六至
18:00。

市中心 Coolsingel 114, Rotterdam

時間：9:30-18:00
交通：距 Blaak 火車站步行約 700m。

不僅能在暴雨中蓄水而不積水，還能免於洪水之災。

政府不僅補助，更鼓勵民眾將瀝青的屋頂改成栽種植物的綠色屋頂，事實證明成效頗佳，也難怪鹿特丹被認為是世界上最能因應水災的城市之一了。

與其他古老的荷蘭城市相比，鹿特丹是一座現代化且創新的城市，以壯觀的建築而聞名。獨有的荷蘭城市天際線，充滿活力的年輕城市，不斷地迅速恢復，一棟棟波光粼粼的摩天大樓在河岸閃耀著，「馬斯河上的曼哈頓」稱號其來有自。

沒來到這裡之前，心想著：不過就是一座非常現代化的大城罷了！但就在踏出中央火車站的那一刻，便有所改觀。每棟建築的外觀都長得不一樣，好像在比身高，又像小朋友堆樂高一樣，無奇不有的奇形怪狀，令人瞠目結舌，讚嘆不已，簡直就是建築師發揮創意的實驗場。鹿特丹像是一座自由流動的城市，充滿建築奇蹟，無論是時尚購物，還是欣賞藝術，絕對不會讓人失望。

漫遊資訊

自 AMS 前往 Rotterdam Central Station（鹿特丹中央火車站）：

火車：中央火車站搭乘 IC、Sprinter 火車，每 30 分鐘一班，車程約 75 分鐘。或搭乘 IC Direct，每 15 分鐘一班，車程約 42 分鐘。以上車資約 €15 ～ €16。

巴士：Sloterdijk 車站搭乘 Flixbus，車程約 80 分鐘。車資約 €6 ～ €11。

充滿創意的建築之城

漫遊筆記

從史基浦機場搭乘 IC Direct 特快車前往鹿特丹時，每人需另付 €2.4 的附加費 Toeslag，若使用 OV 卡則要多刷 Toeslag 卡柱或購買 Toeslag 費，否則查票便會罰款 €10。

3-1-1 公寓主人竟是建築設計師

　　當初在 Booking.com 網站上挑選住宿時，便以公寓為搜尋對象，最好有完整的廚房設備，除了可以體驗生活外，還能為一家四口省點開銷。

　　鹿特丹這座現代城市，不乏許多設備新穎的公寓，有最吸引人的大片玻璃落地窗，不但採光好、風景美，當然價格也很重要。本來打算分住兩個不同的公寓體驗看看，但想想要搬運行李、找地點等，都是非常費時費力的事，況且初來乍到的，總不好拖著大行李，陷入四處找落腳地的囧境吧！最後是以交通便利為首選，決定一連三晚都入住 Short Stay Rotterdam Centre 這家公寓。

充滿藝術又明亮的客廳

一出中央火車站，朝公車站 D 月臺前進，順利搭上了電車，本該三站就抵達公寓門口，但車子愈走愈發不對勁，怎麼跟原先查到的站名不一樣？？？

看看車上路線圖，發現竟沒有 Meent 站？這下子可好了，趕緊問了車上的工作人員，經他指示在市中心某一站下了車。幸好有買網路卡，這時只好靠 google maps 來幫忙帶路了。

正好，公寓主人來電，猜想電車大概是遇到工程而繞行了吧！總之，最後拉著行李，穿過市中心熱鬧的大街，終於來到了公寓。

房東是位建築設計師

擁有兩棟公寓的房東 Roeland 是個建築設計師，靠近 Blaak 火車站、方塊屋旁有一棟名為「Blaak 8」的大樓，就是出自他的設計，他也拿出刊登的建築精裝書，與我們分享。他說「Blaak 8」用了一年半的時間去設計，再用一年半時間去完成建築工程，前後共花費了三年時間打造，克服許多技術上的困難與挑戰，呼應了方塊屋的創意設計理念。

「Blaak 8」整棟建築近看就是鑲嵌無數面玻璃，遠看可以發現，如同一棵棵向上延伸的大樹，分佈著枝幹的樣子。

陽臺上的景觀

　　我們入住的這棟電梯公寓，外觀看起來很普通，但內部採光真是不錯，也有許多玻璃設計，偌大透明玻璃窗，在白天不論何處都充滿明亮的光線，還有許多特別的藝術裝飾。我們都喜歡坐在明亮的空間裏，享受陽光，拿本書，沖杯咖啡，再放點音樂，享受愜意時光。

　　這套公寓有個小陽臺，可以坐在這裡喝點小酒，欣賞城市美麗的天際線。或是跟偶遇的鄰居打聲招呼，說偶遇是因為很難在白天遇到上班族，畢竟我們是來旅行的，房東也只是來收租金與介紹屋內設備，交了鑰匙就離開了，除非有什麼事需要他處理，否則大概連退宿時也不會碰面。

　　話說回來，歐洲的洗衣機上面怎麼那麼多選項呀！？真是讓人摸不著頭緒，好不容易洗完了，換烘衣機不會操作了，正好遇上一位帥哥鄰居，幫我們解決了問題。Nina 開心地準備著晚餐，「超大翻譯機」發揮他那強大的外交精神，與帥哥鄰居就靠在陽臺上聊起旅遊經來。

　　兩個孩子也樂得坐在靠窗書桌前，各自玩起電腦遊戲來。是說房東的設計也挺有趣，怎會在橫著一張床的兩側書桌上各放一部電腦，沒機會詢問，從床頭及臥室中收藏的光碟看來，肯定也是愛樂一族吧，我想。

公寓後方有個 Jumbo 大超市，不遠處便是市區景點集散地，離 Blaak 火車站亦不遠，不論是在超市或市集採買食材，都相當便利，靠雙腳代步即可走遍大半景點。我們通常在享受完一頓豐盛早餐後，便輕裝出發，漫遊這個摩登城市。

 漫遊筆記

透過 Nina 的專屬連結「好友同享」訂房回饋（$500）

 漫遊資訊

地址：Goudsesingel 404,
　　　3011 KN Rotterdam,
　　　Netherlands
交通：自中央火車站搭乘 7 號電車至 Meent 站下（約 5 分鐘），或自布雷克火車站步行約 600m。
電話：+31(0)641-857-155
房價：€135（四人公寓）
內容：2 張雙人床，小陽台與景觀，廚房設備齊全，洗衣與烘衣機，含 6% 增值稅、Free WiFi。
優點：有電梯，環境乾淨且安靜，地理位置極佳，生活機能便利，公寓對面約 50m 處有電車站。
缺點：入夜後的起居室燈光稍暗。
備註：附近有付費停車場，不需預約。

自備豐盛早餐與家人共享

3-1-2 走到鐵腿城市漫遊之旅

迪士尼樂園的建築極客

結合餐廳的辦公大樓

鹿特丹這座港口城市，是一個現代和當代藝術的露天畫廊，背景是歐洲最具冒險精神的建築。BBC旅遊網曾讚譽鹿特丹，就像是迪士尼樂園裡的建築極客（Geek，意為奇才）。

就從進入鹿特丹門戶的第一個建築，中央火車站說起吧！這座超現代的建築是於西元2004年便開始著手規劃的，因舊車站規模太小，光是西元2007年的流量就來到了每日近十一萬名旅客。

預估在西元2025年將達到每日三十七萬人次，更不用說每小時行經多少國際與城際列車了。

為此只好另闢戰場，建造一座更大、更完善的車站。如今所見便是西

元 2014 年啟用的中央火車站，大樓正面的時鐘及拼寫字母全是前車站大樓的歷史元素，自西元 1957 年至今，保存相當良好，只不過改用 LED 燈點亮字母。正門設計斜拉上揚的飛躍之姿，果真成為城市中心的聚焦點，無一不為它而回頭，感到驚豔。

　　另一個位於市中心的 Blaak 火車站兼地鐵站，是由建築師 Harry Reijnders 設計。外觀像是一個直徑三十五公尺的飛碟，奇特造型果然引人注目，當地人戲稱它為「水溝蓋」。經這麼一說，還真有點像呀！從外觀根本看不到半點火車站的樣子，這也是因為後來蓋了一條 Willemsspoort 隧道，鐵路及地鐵也隨之地下化了，如今站在街道上也只能看到電車站。

被當地人戲稱為「水溝蓋」的 Blaak 火車站

景點聚集的市集廣場

Blaak 站四周圍也相當精彩，就好像建築巨人在玩著他的樂高積木一樣，把這裡當成了迪士尼遊樂場。每一棟建築都長得奇特，但設計背後又暗藏典故，引人入勝，新奇有趣。

像是前方這片 Binnenrotte 市集廣場，早期是鹿特河的一部分，西元 1871 年築起通往 Dordrecht 的鐵路高架橋，後來因為隧道建成後便拆除了。如今這個廣場，每逢週二及週六舉辦露天市集（上午八點半至下午五點半），商品超過四百五十個攤位，應有盡有，熱鬧非凡。

不僅僅是如此而已，站在車站這頭向後方廣場看去，幾座龐然大物更是知名景點。左邊有被稱為「削鉛筆機」的室內市場 Markthal。右邊有「鉛筆」Blaaktoren 及 De Statendam 公寓大樓。旁邊還有被黃色水管圍繞、外號「吸塵器」的鹿特丹中央圖書館（Centrale Bibliotheek Rotterdam）。光是這些就有趣極了！簡直就是建築師們的遊樂園、競技場，暗中較勁比誰最有創意、最有看頭。

像極了「削鉛筆機」的市場大廳

 漫遊資訊

鹿特丹中央圖書館

地址：Hoogstraat 110, Rotterdam

時間：週一 13:00-20:00，週二～五 10:00-20:00，週六至 17:00（週日休）。

交通：距 Blaas 站步行約 2 分鐘。

備註：內部可參觀及拍照，但切勿影響他人。使用洗手間需付費。

中央圖書館的側面就像「吸塵器」

「鉛筆」公寓

方塊屋是市中心最鮮明的地標

遊客必打卡的方塊屋（Kijk Kubus）也不能不提！自西元 1984 年以來，立體方塊屋（也被稱為 The Blaakse Bos，意為森林）一直是家喻戶曉的建築經典。一提到鹿特丹，馬上就會想到它，與鉛筆公寓的設計同樣都來自建築師 Piet Blom 之手。

構想是希望在城市中設計一個村莊，將房屋視為樹木，三十八個立體方塊為樹屋，整個建築群代表森林。事實證明，他創造了一片城市中的森林。

 漫遊資訊

方塊屋博物館

票價：€3 ／全、€2 ／ 65 歲以上及學生、€1.5 ／ 12 歲以下。
地址：Overblaak 70, Rotterdam
時間：10:00-18:00
交通：距 Blaas 站步行約 60m。

入住方塊屋 Stayokay Rotterdam

地址：Overblaak 85-87

傾斜超過四十五度的立體方塊屋，三面朝天，三面向地，下方的無車輛步行區裡有小型企業、商店、學校和兒童遊樂場，上方有住戶真實居住著。

為了滿足好奇心，經過特別設計和建造，將一間方塊屋改做博物館，付費就能參觀，當然，若想真實體驗住在方塊屋的感覺，可以向 hostel 預約住宿。

市集廣場上有一座聖勞倫斯大教堂（Laurenskerk），自中世紀便已存在，是二次大戰中，唯一沒被戰火波及的歷史建築。當時的鹿特丹中心幾乎消失殆盡，唯獨教堂的牆面及塔樓仍保持完整，鹿特丹人捲起袖子將所有的廢墟清除乾淨，著手建造新城市，只有這座教堂被修復，並視為重建鹿特丹的精神象徵，更顯示了鹿特丹人的修復能力。

如今，聖勞倫斯大教堂不僅與歷史接軌，更開創新未來！除了參觀教堂外，也可報名參加登塔團，每團限十五名（需六歲以上）。在爬上三百多階的過程中，聆聽導遊講述塔樓的故事，還可欣賞到十七世紀的大鐘和鐘琴，縱使不再是鹿特丹的天際線，但站在摩天大樓中，仍擁有「最古老的權利」。

每年夏季，最炎熱的七、八月，可以到教堂中避暑，欣賞知名樂師演奏的管風琴音樂會。

聖勞倫斯是躲過戰火，見證歷史的奇蹟

 漫遊資訊

聖勞倫斯教堂與塔樓

票價：（教堂）€2 ／全；（教堂＋故事書）€3，12 歲以下免費。（塔樓）€5 ／全，€3.5 ／ 18 歲以下。

地址：Grotekerkplein 27, Rotterdam

時間：（教堂）3-10 月週二～六 10:00-17:00；11-2 月週二～六 11:00-17:00，週日僅開放予教堂服務。（塔樓）4-10 月週三 14:00，週六 12:00、13:30（現場報名）

交通：距 Blaas 站步行約 4 分鐘。

備註：（市場音樂會）每年 7-8 月週二 12:45-13:15，免費。（週六音樂會）：7-8 月週六 16:00-17:00，€2 ／人，門票僅現場發售。

舊港口與新河岸

　　白宮（Witte Huis）也是少數逃過二戰時德軍空襲的建築，是鹿特丹第一座摩天大樓。這座十層樓約四十三公尺高的建築建於西元 1898 年，長久以來一直是歐洲最高的辦公大樓，屬於新藝術運動風格建築。當時的遊客可以乘坐電梯到頂樓的觀景臺，是一件非常時髦又新鮮的事。目前這裡有提供餐點及咖啡館，一邊享用一邊欣賞舊港風光和新馬斯河建築美景，有時間不妨來此放鬆一下。

　　離開舊港，往新馬斯河方向前進，站在白宮旁的連接橋上，面向右邊可以看到一棟紅條紋交錯的高樓，是鹿特丹排名第八的紅蘋果（The Red Apple）大樓。它的前方還有一棟較矮、但造型獨特的建築，名為 Havensteder，結合了商店、住宅、餐飲、辦公室與停車場的住商大樓。遠

Willemswerf 及其背後的紅蘋果大樓

看 Havensteder，像是兩個堆疊不整的貨櫃，就這麼隨性地擺放在海港區。

繼續向前邁進，過了馬路後不要急著往前走，往右邊看看這棟白色格子玻璃切面的大樓，竟任性地在正面做了一道溜滑梯？

如果從對岸觀賞，肯定看不出端倪。這當然不是真的溜滑梯，要嚇死寶寶啊！當今只有動作巨星成龍才敢去溜吧！還真說對了，西元 1998 年成龍的電影《我是誰？》，就是在這棟 Willemswerf 大樓拍攝的，當真把這當溜滑梯，驚險程度讓人替他捏了一把冷汗。

易守難攻的橋樑威廉士大橋

漫步走上這座醒目的紅色橋樑：威廉士大橋（Willemsbrug），往新馬斯河的南側方向前進。這座鋼鐵大橋在二次大戰中發揮了強大的防禦作用，始終無法攻下城市的德軍，在一氣之下，決定轟炸這座城市。眼前所見是後來重建的，不過在碼頭邊仍可看到舊橋的遺跡。

河的兩岸有許多摩天大樓，都在比誰長得高，截至目前為止，南側的馬斯塔（Maastoren），仍穩坐鹿特丹最高建築的冠軍寶座。不過正在計畫興建的名單，不出五年，冠軍即將易主，建築巨人玩得不亦樂乎，值得旅人期待。

遠眺天鵝橋與 Maaskade 河岸

　　站在橋中央除了欣賞兩岸美景外，也是遠眺伊拉斯謨橋（Erasmusbrug）的好地方。這座長八百零二公尺的斜拉橋，是西歐最大且最重的開合橋。

　　跨越新馬斯河，連接鹿特丹南北區，是以荷蘭中世紀哲學家 Desiderius Erasmus 命名。因其獨特的白色造型，像極了昂首天鵝，當地人便稱它為天鵝橋。

　　下了橋，便是北島（Noordereiland），這裡有很棒的餐廳以及美麗的街景，不但有公車行經，也有碼頭及公園綠地。

　　轉個彎，遇見國王海港大橋（Koningshavenbrug）上一座鐵路電梯橋

（De Hef），昔日是從鹿特丹往來布雷達（Breda）的必經鐵路線，在隧道開通後，就不再使用了。沒有貢獻即是廢鐵，在提議拆除之際，卻因鹿特丹人民的強烈抗議，最後保留了下來，並列入國家紀念碑保護名單中。

風和日麗，煦煦陽光照在市中心一棟棟摩天大樓上，片片玻璃帷幕都閃耀著光芒，讓人睜不開眼。午后的 Maaskade 河岸邊，行人三三兩兩，成排斜倚的單車，影子被拉得好長，襯著眼前美景與藍天白雲的好時光，我們也和摩天大樓玩起影子遊戲，熱呼呼卻也樂此不疲。

走著走著，有一棟名為 Hulstkamp Gebouw 的磚紅色美麗建築吸引了我們的目光，透明門窗內看不到人影，查了一番，原來這裡以前是猶太人的釀酒廠，據說是荷蘭最好的杜松子酒釀酒廠之一，現在是多功能的活動會堂。

高樓林立的威廉敏娜廣場（Wilhelminaplein）

此刻，感覺到天鵝橋離我們愈來愈近了。如果想直接走上天鵝橋，那麼要走回剛才經過的 De Hef，越過與之平行的女王橋（Koninginnebrug）後，一路向右，直接穿過橋樑上的門樓建築（Poortgebouw），便可抵達天鵝橋。附近有前往小孩堤防的水上巴士站，五月到十月間加開直達船班，是拜訪風車群最便利的交通方式。

KPN 總部與 De Rotterdam 大樓

　　這裡的大樓也相當精彩，與天鵝橋相呼應的這棟傾斜又「一箭穿心」的南塔（Toren op Zuid），如今是 KPN 皇家電信總部。義大利建築師 Renzo Piano 於西元 1998 年打造，他刻意將大樓設計向前傾斜近六度，與天鵝橋的斜面相互揮應，正巧這個角度也和比薩斜塔相同。正立面的玻璃安裝了近九百個綠色平面燈，如同電子螢幕，可以秀出各種圖像與文字的動畫，在夜裡特別醒目。是說，不曉得會不會出現「Will you marry me？」這樣灑狗血的浪漫情節啊！

　　話說回來，南塔可是這威廉敏娜廣場上，最早的高樓建築之一。沒想到十年後，南塔高度早被踢出二十名之外，就連站在他身旁的 De Rotterdam，這棟上與下對不齊的辦公大樓都比他高出許多。這兩棟大樓在同一年啟動，一個花了兩年刻意往前傾，一個設計就花了十一年，再用 4 年時間去完成。這個建築巨人真愛開玩笑，就像幼兒堆疊積木一樣，上下總對不齊。不過這也造就了一個特殊景觀，如今這三座相互連接的大樓建築，高度將近一百五十公尺，在鹿特丹排名第四，一共四十四層樓的建築總面積，成為荷蘭最大的建築。

　　一山還有一山高，就在 De Rotterdam 忙著長高又長壯之時，由葡萄牙建築師設計的紐奧良大廈（New Orleans）只花了三年時間，就超越前者的高度，來到排名第二了。

冠軍以一百六十五公尺的高度登上寶座，正是座落在碼頭邊的馬斯塔。它是目前荷蘭最高的建築，現為 Deloitte 荷蘭分部。永續發展是其建設的一大重點，內部安裝一個可利用河水的溫度，調節加熱和冷卻的存儲系統，並在每個房間配備節能系統，可達減碳 50％。因其創新的節能設計，在十多年前便獲頒大獎，評審們一致肯定，這是一棟時代超前、真正吸睛的建築物。

（左）節能減碳的馬斯塔大樓，（右）法院與政府機構

上述這些建築，在九十年代初期，就已列入城市發展計畫中。威廉敏娜廣場原本就是一個高度發展市區，許多設施沿著河畔而建，擁有特別多的摩天大樓，隱藏著歷史悠久的紐約大飯店（Hotel New York），這可是連當地人都推薦的地方呢！建築歷史可追溯到西元 1917 年，早在西元 1873 年時，這裡曾是荷美郵輪（Holland-Amerika Lijn，簡稱 HAL）公司總部，招牌字體仍保留在外牆上，現今總部位於美國西雅圖。

飯店於西元 1993 年開業，夾在蒙得維的亞（Montevideo）和世界港口中心的鹿特丹港務局辦公大樓之間，更顯嬌小。建築內外皆保有原本設計，充滿懷舊氣息，從餐廳牆上的黑白老照片看來，當年有無數的歐洲人，拎著皮箱從這裡起航前往美國紐約，懷抱著希望與夢想，展開新的人生。改為飯店後不僅以 New York 為名，附近也保存了當時的紀念點，包括在飯店一角很有特色的復古理髮廳，至今仍在營業中。呵～不理髮，來杯咖啡，坐賞河岸天際線，餐廳裡的龍蝦生蠔海鮮拼盤也很有名，有機會不妨來此品嘗美食，放鬆一下。

漫遊筆記

鹿特丹有太多條可以散步的路線，體力好，時間足，再穿雙耐走鞋，無需任何交通工具，也能盡情穿梭在建築巨人的遊樂場中，當個尋寶家，來趟鋼鐵叢林的驚奇之旅。

160

不同視角欣賞天鵝橋

馬斯河上的露天海鮮餐廳

3-1-3 意外發現的 碼頭海鮮店

在北島散步的時候，偶然發現一家臨時建在馬斯河上的餐廳：A La Plancha（簡稱 ALP）。

這是一家露天餐廳，位於舊威廉士大橋的紀念碑頂

廚師正在露天廚房料理尚青的海鮮

部，只在天氣晴朗的夏季營業，從露臺上便可欣賞一百八十度的河流與鹿特丹天際線美景。

ALP 餐廳的 Pop-Up Fish Restaurant 靈感，是來自西班牙、摩洛哥和南美洲。專門供應海鮮料理，招牌上有條藍色的魚，名為「Alpie」，是餐廳的圖標也是吉祥物。菜單沒有固定，全取決於當日的漁獲供應。入口左邊設有一個開放式廚房，也可在此挑選食材，再告知廚房師傅如何料理，回到座位喝點小酒耐心等候，現點現做比較費時，尤其適逢正餐時刻。

這家餐廳非常熱門，只接受十人以上的團體預約，如不想大排長龍，建議避開正餐時間。

我們在傍晚六點半左右抵達，其實也是散步累了，想歇歇腿，就碰巧遇見了這家剛剛開始營業的海鮮餐廳。

挑了一個最靠近河景的木桌坐下，點了酒水後，Nina 拿著相機，拉起「超大翻譯機」，迫不及待地朝開放式廚房走去。

先觀察上方看板上的時令價格，再看看冰櫃裡的新鮮食材，然後就指著這個、那個，詢問師傅如何料理，舉凡蒸、煮、炒、炸、煎，想怎麼吃就怎麼做。

背後的吊床營造出悠閒的感覺，適合喝杯小酒

負責準備麵包的中央餐車

於是點了幾個海鮮，請師傅以最棒的料理方式處理後，便安心地隨意拍照，與熱情的服務生聊聊。

意外發現，在此服務的不論男女，年輕人居多，唯一較年長的就是負責中央麵包車的男士了。

他將各種麵包切塊，連同佐料一起放入小籃子中，再端給客人享用，裡面放了兩種特別又好吃的沾醬（忘了叫什麼名字），三兩下就吃得一乾二淨。

終於，海鮮上桌了！有滿滿一大碗的水煮淡菜、燒烤鮮蝦及香煎海魚，每一樣都令人食指大動。厲害的是，火候控制得宜，瞧瞧淡菜各個飽滿的模樣，還有蝦肉沒有因為燒烤而縮水，反而甜又多汁，而香煎海魚的肉質嫩又好吃，沒有暗刺～嘿嘿，這可是「超大翻譯機」特別指定的，因為他平常只吃肉質飽滿又無暗刺的大型魚類呀！

切塊麵包

水煮淡菜

燒烤鮮蝦

香煎海魚

突出河面的露天餐廳,擁有得天獨厚的自然美景

開放式廚房的另一邊則是調酒、冷熱飲與結帳櫃臺,價格都列在上方的黑板中,一目瞭然。想在飯後來杯咖啡,欣賞落日餘暉,這裡是絕佳選擇。店家甚至建議大家,不妨騎著單車或搭乘公車,來此享用一杯好酒或是冰鎮啤酒,在美食與美景之間,共享美好的回憶。

 美食餐訊

營業時間:僅在夏季天氣晴朗時的下午 5 點開放,週末假日可能提前至下午 3 點,以網站公告為主。

地址:Maaskade 74, Rotterdam

電話:+31(0)641-265-509

E-mail:info@ala-plancha.nl

交通:乘坐 32 或 47 號公車至 Willemsbrug 站下,步行至橋下約 500m。

備註:無刷卡。

3-1-4 賞心悅目又能解決民生問題的好去處

　　旅行時，總是喜歡上市集或超市去採買食物，新鮮、便利，應有盡有。來到鹿特丹更是欣喜，除了公寓後方的 Jumbo 大超市外，就屬 Markthal 最為便捷了。

　　這是荷蘭第一個結合住宅的室內市場，內部有近百個新鮮農產品攤位，十幾家食品店和各種餐廳，地下還有 AH 連鎖超市，不只是市場，還有居民入住的二百二十八間公寓，以及可容納一千多輛汽車的四層停車場。

　　為了因應歐盟環境衛生法的規範，對於露天販售生鮮食材的品質，必需嚴格要求，生意頭腦轉得快的鹿特丹人，把握此一商機，於西元 2009 年開始打造，蓋出世界上最獨特的生鮮市場。地點就選擇鹿特河遺址的市中心，緊鄰 Blaak 車站，極佳的地理位置。

時尚藝術的新市場

歐洲面積最大的玻璃門面

　　花費五年的時間，建造出現今這座時尚又美麗的市場。雖然在施工期間，有諸多噪音與不便，但在完成後，不僅成為了美麗的藝術裝置，更解決許多人的民生問題。這座市場的內外兩側都有玻璃帷幕，如馬蹄形一樣的拱形結構，整體造型被當地人戲稱為「削鉛筆機」。

　　其外部以灰色的天然石材鑲著無數片方形玻璃面板，前後方的全透明玻璃牆門，堪稱是歐洲面積最大的，白天除了可引進自然採光外，玻璃窗上的鋼骨結構設計更能抵擋鹿特丹的強勁風力。

　　除此之外，最吸睛的莫過於內部拱頂的龐大藝術品，令人嘆為觀止，保證快門按不停。由藝術家 Arno Coenen 和 Iris Roskam 合作創造的「豐饒之角」（Horn of plenty），是拱頂作品的名稱，又象徵富足的「聚寶盆」。

　　為了強調食物及比例，刻意將蔬菜、水果、花卉、魚類、昆蟲與穀物

放大，讓畫面布滿在一萬一千平方公尺（約兩個足球場）的內部拱廊，並使用 3D 數位動畫技術，將切割成四千片的作品印於鋼板上，最後呈現在世人面前，是目前世界上面積最大的彩繪作品。

自西元 2014 年開幕後，便獲得國際媒體的關注與良好的評價，短短三週內，就超過百萬人次造訪，偉大的藝術品，當之無愧。

漂浮在空中的生鮮蔬果

市場內部明亮的挑高空間

　　文化的多元性是 Markthal 的另一個特色。有來自義大利、希臘、西班牙、泰國、越南等各國的風味餐廳與商店，還有荷蘭國民美食及知名亞洲超市「華南行」，應有盡有，文化融合與創新的購物空間，是吸引大批人潮造訪，最成功的商業模式。

　　從開始就銷售一空的樓上公寓，便可看出熱門與搶手的程度，大概是想體驗設計團隊在建造過程中所說的，希望這些住戶在完工後，可以直接將吊籃從自家垂降到地面，直接將訂購的酒水食物拉回樓上。構想的藍圖很美好，但基於現實安全的考量，成了不可能的任務。

　　一份新鮮現做的炸魚加薯條，不僅有相當的飽足感，對小資背包客來

上班族與背包客覓食好去處

攤位標價清楚，不用擔心溝通問題

說，還能省下荷包。對於我們來說，不想開伙的時候，就會來此外帶食物回公寓，像是香噴噴的烤雞、西班牙海鮮飯、綜合炒海鮮、荷式薯條，再到超市買瓶小酒及水果，如此豐盛的晚餐，至今仍回味無窮。還有種類眾多的蔬果沙拉吧，強調合理的價格與健康飲食的概念；各種醃漬橄欖、乾果及烤堅果…等等，這些店家都有一定的品質，可以安心選購。

美食餐訊

營業時間
攤位：週一～四＆六 10:00-20:00
　　　週五至 21:00，週日 12:00-18:00
AH 超市：週一～六 8:00-21:00，週日 10:00-21:00
餐廳：以各家的公告為主。
地址：Dominee Jan Scharpstraat 298, Rotterdam
交通：無論是搭乘火車、32 或 47 號公車、21 或 24 號電車、
　　　地鐵 A/B/C 線，皆在 Blaak 站下。

漫遊筆記

　　市場各家商店都會在食物上放上價目卡，凡是秤重者，可依個人需要的份量購買。舉例來說：西班牙海鮮飯（Paella）100g 標價 €1.95，可以只買 50g。

Chapter 4
漫遊南荷蘭
經典小鎮

　　這個章節將介紹位於荷蘭東南部林堡省的一座城市，亦是該省的省府：馬斯垂克。城市位於馬斯河（Maas），地處荷比德三國交界處，鄰近比利時的列日與德國的亞琛，該城之名便是從地理位置「橫跨馬斯河」的拉丁文（Trajectum Ad Mosam）而命名。

Edam

Zaanse Schans

Amsterdam

Rotterdam

erlands

Maastricht

馬斯垂克自稱是「荷蘭最古老」的城市之一。根據考古發掘的結果，可以肯定地說，人們在這裡已連續居住了二十個世紀之久。馬斯垂克的歷史可粗略分為四個時期，各有不同樣貌，分別是羅馬堡壘、中世紀宗教中心、駐軍鎮和早期工業城市。

由於地處荷比德交界，馬斯垂克的城市文化不僅豐富多元，融合性也強。歷史比荷蘭其他城市都要悠久，樣貌雖少了點現代建築，卻多了中古世紀的影子。西元 1992 年，著名的《馬斯垂克條約》（Maastricht Treaty）在此簽訂，確立歐盟和歐元的誕生，讓馬斯垂

馬斯垂克

不像荷蘭的荷蘭小鎮

火車站是以馬斯蘭文藝復興風格建造的石製建築

從鹿特丹前往

自中央火車站搭乘 IC，至 Eindhoven 站換車，每 30 分鐘一班，總車程約 2 小時 16 分鐘。

從比利時布魯塞爾前往

火車：自 Bruxelles-Central（中央火車站）搭乘 IC，至列日 Liège-Guillemins 站換車，約 1 小時一班，總車程約 1 小時 35 分鐘。

巴士：自 Brussels-North（北站）搭乘 Flixbus，車程約 2 小時 5 分鐘。

克更名噪一時。雖不見風車、木鞋或乳酪交易，但由於緊臨馬斯河，往來交通運輸頻繁而興盛，是個「很歐洲，但卻不像荷蘭」的城市。

　　由於馬斯河具有重要的交通與軍事地位，導致馬斯垂克過去曾先後被荷蘭、西班牙與法國攻佔，城中百姓亦無辜受戰火牽連。爭戰數年，在拿破崙於滑鐵盧一役慘敗後，比利時與荷蘭成為國王威廉一世統治下的聯合王國，隨後又經歷九年的戰爭，兩國終於分道揚鑣，北布拉邦省與林堡省（包括馬斯垂克）正式劃歸荷蘭所有，才結束長年動盪不安。如今，儘管馬城已不再是軍事重地，但多達一千多處的古蹟與多國色彩文化，仍舊吸引著世界各地的觀光客。走在鋪滿中世紀石磚的浪漫購物街道，以及令人垂涎三尺的各國美食，便可感受到匯集於此的歐洲精華。

　　出了火車站，筆直向前行，來到馬斯河上的老橋。這座自十三世紀便存在的石拱橋，直到西元 1932 年才以主保聖人之名（Sas-Servaas）命名為聖瑟法斯橋，也是荷蘭最古老的橋樑，且是馬城的標誌性建築，因此列入國家紀念碑中。

火車站大廳的彩色玻璃窗

馬斯河上的老橋風光

在這座人車分道的拱橋上緩步而行，欣賞馬斯河兩岸風光，放眼望去，城市的天際線，不是高樓大廈，而是中古世紀的教堂高塔。

過了橋，繼續向前行，兩側是流行服飾區，一棟現代化的百貨公司堵住我們的路，便向右轉入熱鬧的購物區，此處略顯突兀的便是 Dinghuis 這棟中世紀建築，昔日作為法院使用，今日則是旅人的好夥伴—VVV（馬城旅遊諮詢中心）所在地。

VVV 諮詢中心

漫遊資訊

馬斯垂克旅遊諮詢中心（VVV）

地址：Kleine Staat 1, Maastricht
時間：5-10 月週一～六 10:00-18:00（其餘週六至 17:00）
　　　週日 11:00-17:00。（12/25&26、元旦休）
交通：距火車站步行約 900m。

市集廣場

前往市集廣場（De Markt）的途中，會經過一座大型購物中心 Entre Deux，天堂書店也在附近，我們決定先到市集去祭祭五臟廟。幾個世紀以來，商品多半於此地交易，市集廣場的名稱由此而來。在引入歐元前，市集便是以荷蘭盾或比利時法郎交易。

每週三、五、六在廣場上都有固定市集，又以週五的規模最大最有名，常吸引鄰近的比利時遊客來訪。週三為一般市集，週六則舉行古董市集。在廣場南側還有一個每日市場，是為數不多的永久性攤位，包括小吃和食品。除此之外還有一些餐館及速食店，比較知名的就是 Reitz 炸薯條了。這是一家從西元 1909 年便營業至今的小餐館，除了提供外帶餐點也可入內享用。內用座位透著一股古早風格，就連菜色也是自祖母那代相傳至今，亦可嘗到林堡省的菜餚。一進到廣場便會被薯條香氣所吸引，人潮都從店內排到店外了。

依舊美味的荷式炸薯條

 美食餐訊

Reitz 速食店

地址：Markt 75, Maastricht
時間：週二、三、五、六 11:00-19:00，週四至 21:00，週日 11:30-19:00。（週一休）
交通：距火車站步行約 15 分鐘或自站前搭乘 3、4、9 號公車，至 Markt 站。

廣場正中央為 17 世紀的市政廳

　　市集廣場的中央是十七世紀的市政
廳，儘管自 2007 年以來，大多數市政服
務轉移到 Mosae 商辦中心，但市長和市
議員的辦公室仍舊在此。

　　市政廳是由彼得・波斯特（Pieter
Post）所設計，說起這位畫家兼建築師的
作品，眾所周知的有海牙的莫瑞泰斯美
術館、努兒登堡宮（Paleis Noordeinde）
與豪斯登堡宮（Paleis Huis ten Bosch）
等，但馬城市政廳是所有作品中的一大
亮點，也是荷蘭古典主義風格的重要典
範。

　　在廣場北側還有一座西元 1904 年設
立的青銅雕像，他是揚彼得・明克爾勒
斯（Jean-Pierre Minckelers），荷蘭的科

青銅牌匾上記錄著熱氣球歷史，可見
Minckelers 帶著助理和阿倫貝格盲人公爵

學家和發明家，也是馬城的煤氣發明者。據悉西元1783年11月21日，在比利時阿倫貝格城堡前的草坪上，人類首次以煤氣燃料讓熱氣球飛上青天，當時的飛行員便是揚彼得教授。

不過馬城的第一條天然氣管卻是直到西元1854年才建成，得以用於街道照明。在揚彼得逝世八十年後，他的紀念雕像於廣場揭幕，由雕塑家巴特凡霍夫設計。

原先手裡那把永不熄滅的火炬，現在再也看不到，因為2013年時，馬城市議會出於「可持續性」一原因，決定每年節省四萬歐元的經費，在雕像旁放置了一座投幣機，只要有遊客投擲硬幣，便可延續火焰燃燒幾分鐘。

政府的如意算盤打得真兇，不但省下了開銷，還多了收入，此等作法評價不一，有人為曾經不滅的火光而感到可惜，畢竟也燃燒了一百多年的歷史。

煤氣發明家的紀念雕像

高橋是馬城較為現代的橋樑，兩端設有電梯供行人與單車上下

4-2

信仰的中心

弗萊特霍夫廣場

弗萊特霍夫廣場（Plaza Vrijthof）是馬斯垂克舊城中心最大、也最重要的廣場，聚集了城中的兩大教堂，可說是人民信仰的中心。廣場從古老的羅馬和法蘭克人墓地，發展成屬於聖瑟法斯學院及教堂的半私人空間，並於十九世紀成為馬城的主要廣場。

除了兩座教堂外，廣場周邊還有三十六座列入國家紀念碑的重要建築，其歷史可追溯到十六至十九世紀，如博物館、劇院、飯店、咖啡館、餐館和酒吧。每逢特殊節日此處便會舉辦熱鬧的活動，吸引眾多遊客與當地居民，光臨這座浪漫而歷史悠久的廣場。

舊城中最大的 Vrijthof 廣場

弗萊特霍夫博物館

票價：€10／全，€4.5／8～18 歲及學生，7 歲以下免費。

地址：Vrijthof 18, Maastricht

時間：週二～日 10:00-17:30。（週一、12/25、12/31、元旦休）

交通：距火車站步行約 15 分鐘。或自站前 B 月臺搭乘 3、4、9 號公車至 Vrijthof 站。

備註：可使用「博物館卡」免費進入，注意！不收現金。

在聖瑟法斯大教堂前一棟紀念性建築，是建於十八世紀的護衛隊（Hoofdwacht），用於臨時展覽場所。廣場南側一棟非常醒目的紅色建築是「西班牙政府之家」（Spaans Gouvernement），它可能是馬斯垂克最古老、並保存完好的房子。經過多次徹底的修復後，該建築現為弗萊特霍夫博物館（Museum aan het Vrijthof），幾個古老的房間展示出當地藝術家的現代作品，是廣場上非宗教建築之一。廣場北面為建於十九世紀初的「將軍之家」（Generaalshuis），這是一座新古典主義的城市宮殿，為法國時代的富商建造，現為音樂會與戲劇表演的主要劇院。

　　偌大的廣場上還有一座名為「相親相愛」的藝術噴泉，以及一組色彩繽紛的狂歡紀念藝術雕塑，常有許多孩童穿梭嬉戲。說真的，這些雕塑其實沒有很美，有些人還認為他們的長相很「怪異」。這麼大的廣場，平時有許多人喜歡坐在臺階上閱讀或聊天，但馬城可沒有辜負了這麼好的場地，在夏季舉辦露天音樂會、在冬季作為溜冰場及舉行聖誕市集、嘉年華狂歡節，以及每年八月最盛大的荷蘭美食節（Preuvenemint）等等，歡迎遊客一起來共襄盛舉。

噴泉與護衛隊建築（左）

音樂露台（左），旁有電梯通往廣場下的停車場

音樂狂歡的藝術雕塑

廣場上的巨大教堂建築

4-2-1 聖瑟法斯大教堂

　　弗萊特霍夫廣場是馬斯垂克最重要的廣場，矗立在眼前的一對壯觀教堂建築，便是人稱「雙胞胎」的聖瑟法斯大教堂（Sint-Servaasbasiliek）和聖約翰教堂（Sint-Janskerk）。前者是天主教教堂，後者則是新教教堂。而將兩座教堂隔開的街道稱為煉獄（Het Vagevuur）。

　　聖瑟法斯大教堂內部集結了將近二十座禮拜堂，是非常巨大的國家紀念碑，自西元 1990 年起列入荷蘭百大文化遺產名冊中。在教堂入口處便可清楚看到海牙公約的藍盾標誌。

　　聖瑟法斯大教堂自修建時起，安葬了荷蘭首位也是唯一的一位主教，就此注定它不同凡響的身份。相傳馬城的主保聖人聖瑟法斯出生於亞美尼亞，是四世紀的基督教聖人，曾為比利時通厄倫（Tongeren，馬斯垂克往西二十公里）的大主教，後奉行神的旨意來到了馬斯垂克，成為荷蘭首位大主教。

教堂不但以主教的名字命名，且在地窖的珍寶室中，收藏了關於主教的巨大寶藏，奢華的珍寶毫不遜於皇室陵墓的陪葬品。從金銀飾品到象牙翡翠，以及油畫、雕像等皆不足為奇，其中重達七十噸的荷蘭大鐘、1580 年的聖瑟法斯半身金像、西元 1160 年聖瑟法斯的黃金聖骨匣等等，件件堪稱國寶，幾個世紀以來一直是信徒的熱門朝聖地。這些珍藏的遺物每七年會被拿出來在城內進行巡遊，近期要等到 2025 年才有機會目睹。

沿著教堂西面的 Sint Servaasklooster 路向北走，聖瑟法斯的青銅雕塑噴泉便位於凱澤卡雷爾（Keizer Karelplein）方形廣場上，而這裡亦有通往教堂的北面入口。這兒其實是座小教堂，以前是修道院的食堂，在十九世紀後期由庫柏斯重建後，便作為日間小禮拜堂使用。

哥德式風格的北側入口

有著聖瑟法斯雕塑的青銅噴泉

雖然與大教堂的珍寶室相連，但要通過長廊才能進入寶庫。一道十六世紀的教堂門上，有文藝復興風格的雕刻中柱，在門上方有著聖瑟法斯的徽章，底下有著聖經的諺語祝福。小教堂免費參觀，亦提供信徒點燭與禱告。以花環樣式繪製的哥德式肋拱是後來重建的，引人注目的是刻有耶穌受難故事的嵌牆式祭壇。

聖瑟法斯是教堂的守護神，其位於後方的木雕，和外面噴泉上的雕像皆出自同一雕塑家查爾斯沃斯（Charles Vos）之手，木雕上方是一幅繪於十九世紀，講述被天使環繞著的聖瑟法斯升天畫作，雕像兩側則是燭光冉冉的層架，及一座十八世紀的內櫃管風琴。

步出小教堂，右側的長廊便是通往珍寶室的入口，欲前往參觀，得到另一側的售票亭購票。透過長廊的窗櫺，隱約可見一個青銅色的大鐘，她的綽號為「老奶奶」。重逾六公噸，據說是荷蘭最古老也最重的大鐘，有著查理五世的徽章，由於上有裂縫已不堪使用，故置於庭院供人觀賞。

小教堂內部

 漫遊資訊

票價：€4.5 / 全，€3 / 65 歲以上，18 歲以下免費。（票價包含寶物室）
地址：Keizer Karelplein 3, Maastricht
時間：週一～六 10:00-17:00，週日 12:30-17:00。（元旦、狂歡節、復活節與聖誕節休）
交通：距火車站步行約 15 分鐘。
備註：售票口於 16:30 關閉。

位於西南面的教堂塔樓

4-2-2 醒目的紅色鐘樓教堂

　　弗萊特霍夫廣場上，另一棟引人注目的紅色鐘塔建築，便是聖約翰教堂。這座哥德式教堂始建於西元 1200 年左右，以施洗者約翰為名。

　　起初為聖瑟法斯大教堂的分教堂，後因朝聖者實在太多了，便新建一座進行洗禮與一般活動的教堂，而聖瑟法斯大教堂則負責管理與朝聖的功能。十七世紀時，荷蘭的奧蘭治家族占領了馬斯垂克，將其改為新教教堂，遂沿用至今，仍屬新教教會所在地。

　　雖然如此，但內部仍保留天主教堂的部分設施。其實在馬城的新教徒，比起穆斯林的人數略微少些。

　　對於遊客來說，若非信仰所至，僅抱著對古蹟建築的朝聖心情而訪，走進教堂欣賞十三世紀的美麗壁畫、唱詩班和洗禮

聖約翰教堂

堂，以及 1780 年的管風琴…，理由便已足矣。

新教徒改革後，精雕細琢的墓碑建築結構，歷史可追溯自十五世紀。起初興建的教堂與塔樓，於西元 1373 年被旋風催毀，只好全面重建。

經過荷蘭建築大師庫伯斯的巧手修復，呈現今日晚期哥德式型式。絕大部分的結構都是以在地的泥灰岩建成，只可惜這種材質容易吸音，反倒破壞了唱詩班在美聲上的表現。

高約八十公尺的紅色塔樓始建於十七世紀，尖頂為泥灰岩，塔內曾有一

鐘塔有獨立的入口

座帶有鐘擺的木製座鐘，是 1687 年由 Joannes 和 Josephus Plumere 鑄造。

另外還有一個小鐘（即所謂的門鐘），曾在每日城門開啟與關閉時響起，但卻在二次大戰時被德軍盜走了，直到西元 1997 年才又重製新的時鐘。

鐘塔使用的泥灰岩是一種相當柔軟而多孔的材質，為了保護它免受天氣的影響，在中世紀時也曾塗上一層油漆，當時的建造者便使用紅色做為財產標記。

但鐘塔的顏色也不是一直都是紅色的，據記載，在十八世紀初塔樓為黃色，到了十九世紀初為白色。期間經歷過無數次的修復，直到經過荷蘭國家文化遺產局的調查後，在西元 2006 年的最後一次修復中，該塔再次被塗成了紅色。目前可付費上塔，由於樓梯過於狹窄，尖塔部分沒有開放，一般遊客無法登頂，但仍能俯瞰廣場，欣賞城市及周邊地區的美景。

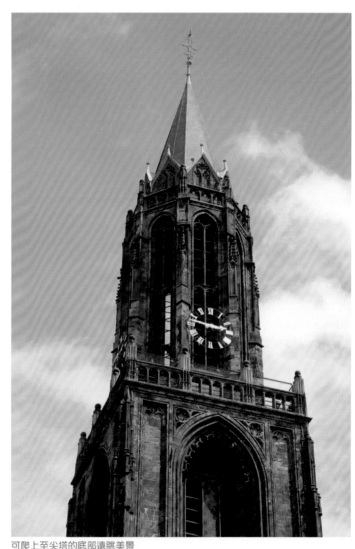

可爬上至尖塔的底部遠眺美景

 漫遊資訊

票價：教堂免費，塔樓：€2.5 / 全，€1.5 / 半。
地址：Vrijthof 24, Maastricht（入口位於 Henric van Veldekeplein）
時間：復活節至秋末的週一～六 11:00-16:00。（週日休）
交通：距火車站步行約 20 分鐘。

4-2-3 莊嚴的聖母大教堂

位於馬斯垂克舊城中心的步行購物區南邊，有一座方形的聖母廣場（Onze Lieve Vrouweplein）。夏日的陽光透過椴樹灑落下來，微風徐徐地吹，煞是舒爽。在小廣場上的眾多露天咖啡館裡，聚集不少的遊客和當地人。廣場上最引人注目的就是聖母大教堂（Basiliek van Onze Lieve Vrouwe），那對高聳入雲的雙塔，是城市中最醒目的指南針。廣場周邊有許多文化設施、購物街、飯店、餐廳等，十分熱鬧。

原廣場所在地是昔日的聖母教堂墓地及聖尼古拉斯教堂（西元 1838 年拆除），建立了聖母大教堂後，廣場亦跟著更名為聖母廣場。1986 年，在此挖掘到西元二世紀、來自 Derlon 的巨大紀念木星柱（木星指得是古羅馬神話的眾神之王朱比特），進而追溯到西元 313 年前的古羅馬文物遺跡。

站在高橋上遠眺聖母大教堂的高聳塔樓

漫遊資訊

票價：教堂免費，寶物室：€3 /
全，€2 / 65 歲以上，€1
/ 12 歲以下。

地址：Onze Lieve Vrouweplein
7, Maastricht

時間：教堂 8:30-17:00。寶
物室（復活節至 10 月
底）週一 12:30-16:30、
週二～四＆六 10:30-
15:30、週五 11:00-
16:00；（11 月至復活節）
週六 10:30-15:30、週日
12:30-16:30。

交通：距火車站步行約 15 分鐘。

羅馬式聖母大教堂，也稱為海之星（Sterre der Zee），以其雄偉的西方建築、供奉海之星聖母像的小教堂、唱詩班的雕塑以及教堂寶庫而聞名。

該建築是國家紀念碑，名列國家前百名的文化遺產名冊中。教堂和小教堂每天開放，可自由進出，唯獨迴廊與寶庫，需付費才能參觀。

今日的教堂是以晚期哥德式修建，取代了舊的羅馬式修道院，但仍可窺見昔日文藝復興時期的元素。

修道院的地板上鋪滿了巨大的墓碑，部分是來

教堂內部主祭壇與唱詩班

自被拆毀的聖尼古拉斯教堂。西元 1910 年，在修道院花園中發現了一座羅馬人的塔樓，今日也能通過教堂迴廊觀賞。

對於許多人來說，聖母大教堂的主要景點是神聖的聖母雕像—海之星，是童貞榮福聖母瑪利亞在天主教中的古老尊稱，用來強調聖母是基督徒的希望與嚮導。人們相信聖母會保護並指引旅人和依靠大海生活的人，所以便稱呼祂為海之星，在荷蘭和比利時南部特別受歡迎。

這座十五世紀的木製雕像最初位於附近的方濟會修道院內，後來搬到了聖尼古拉斯的前教區教堂中，直到教堂拆除後，才將雕像搬進聖母教堂。西元 1903 年，它被放置在主要入口附近的哥德式教堂裡，至今每天仍有數百名信徒參觀。

海之星聖母雕像的祭壇被鮮花與燭火包圍著，就位於梅羅德教堂（Mérode chapel）的玻璃牆後面，前方有一個長凳，人們可以跪下或坐下來祈禱。除了玻璃牆外，牆壁上掛著的海之星禱告文，以荷、德、英語及馬斯垂克方言呈現。

有趣的是，海之星聖母身上的斗篷會隨著不同的節日而改變，不過皆以南歐風格呈現。如此穿著寬錐形斗篷的形象也有幾個世紀之久，原先裸體的聖子也跟著穿上，為此手臂不得不被切斷。斗篷也根據教會的節日，變換不同顏色。一般來說是穿著藍色，紅色則適用於復活節週和淡季假期，而在四旬節及聖誕節時，雕像是不穿斗篷的，因此能見著最原始的樣貌。

特別的是，每年有兩次在馬斯垂克的宗教遊行中，海之星聖母將繞行城內，接受眾信徒的致敬，就像臺灣的媽祖繞境一樣。

被鮮花與燭火包圍的海之星聖母與聖子像

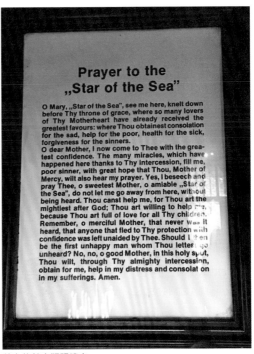

牆上的英文版祝禱文

4-2-4 荷蘭僅存的中世紀城門：地獄之門

　　馬斯垂克的第一道護城牆建於西元 1229 年，由當時的布拉班特公爵下令建造。後來因為城市變得太過擁擠，遂於十四世紀初擴建第二道新牆，於十六世紀初再向傑克河（Jaker）對岸擴張，建了第三道護城牆。而地獄之門（Helpoort）就是屬於第一道護城牆的一部分，是馬斯垂克最古老的城門。

　　俗話說：「天堂有路你不走，地獄無門你偏闖。」在馬斯垂克就有這麼一道地獄之門，說起來也是一起悲慘的史實。中世紀爆發的黑死病，是人類史上最嚴重的瘟疫。病毒在西元 1340 年狂掃歐洲，造成約七千五百萬人死亡，奪去過半數的人口。感染黑死病不但無藥可醫，還會迅速擴散，在當時可說是人人聞之色變的一種傳染病。

中世紀僅存的古老城門

　　地獄之門對面是一棟位於城外的白色小屋（Pesthuis），當時用做收留黑死病患者的醫院。城內的染病者必須經過聖伯納德街道（Sint

Bernardusstraat，以前稱為地獄街），通過塔門被送往小屋等死。這是執政當局為了隔離病症，所採取的嚴格政策，一旦被發現染病，立刻送往城外醫院，等待死神降臨。有去無回的悲劇，如同進入了地獄，地獄之門的名稱不逕而走。

通過城門，將黑死病患者送往白色小屋

如今，地獄之門是馬斯垂克唯一僅存的碉堡式城門，夏季可進入城門上的塔樓博物館參觀，看看昔日的各種防禦工事與歷史遺跡。自地獄之門到 Onze Lieve Vrouwewal 街道之間，包含傑克塔（Jekertoren）在內，皆屬於第一道城牆，亦是今日保存最完整的部分。

第一道城牆建築皆為國家紀念碑

高度超過十五公尺的傑克塔，外形或方或圓，有著覆蓋石板的圓錐形屋頂。雖然只有部分屬於中世紀，但卻是馬斯垂克防禦工事的重要組成部分，與城牆都是受國家保護的紀念碑。

可以沿著 Onze Lieve Vrouwewal 街道而建的古城牆漫步，欣賞護城河裡的天鵝悠游姿態，看看城市公園（Stadspark）裡的綠油油大草坪上，野餐的人們與奔跑玩耍的孩童，以及五管黑嚕嚕且默默守在城牆外的砲臺，永遠有孩子們騎在上頭嬉笑打鬧，強烈感受城外的生活美學。

昔日令人感覺恐怖的白色小屋，已變成溫馨的表演場所，唯一不變的就是，經過一再修復與還原，讓這屹立不搖、站立近七百年的歷史古蹟，見證了跨時代的美麗與哀愁，也拉近我們與中世紀的距離。

城外綠油油的公園

 漫遊資訊

地獄之門與博物館

票價：博物館隨意奉獻。
地址：Bernardusstraat 1, Maastricht
時間：博物館只在夏季每日 13:00-16:30
　　　開放，城門與城牆則全年無休。
交通：距火車站步行約 15 分鐘。

4-2-5 全世界最美麗的書店

　　馬斯垂克市中心有一座建於十三世紀，十字型的古老哥德式修道院教堂，就位於多明尼加教堂廣場（Dominikanerkerkplein）上，靠近弗萊特霍夫廣場。

　　由於黑死病盛行之故，教堂在十八世紀末便結束了教會活動，此後開始轉型，陸續有了許多其他功能。曾被用來做為汽車展示、鮮花展覽、耶誕市集、單車停車場，甚至還曾作為舉行拳擊賽的場地使用。約莫近兩百年間，就是未被當成教堂使用。

　　西元 2006 年，經由荷蘭 Merkx + Girod 公司的設計，將此地轉型為書店，並於隔年贏得了室內設計大獎。

不是教堂，而是最美的天堂書店

　　原本是由荷蘭最大連鎖書店 Selexyz 接手，後來在西元 2012 年因財務危機，而轉賣給荷蘭投資公司 ProCures，由他們將旗下二手連鎖書店合併為連鎖書店集團 Polare。

　　可惜好景不常，Polare 集團在 2014 年破產，於是這間書店的經理人集資五萬多歐元為起始資本，並以 Boekhandel Dominicanen 之名獨立經營。內部保留中世紀壁畫，整座建築亦是國家紀念碑，2014 年更被美國 CNN 評比為世界上十大最美書店之一。

書店內部與拱頂 17 世紀壁畫

三層樓的黑色鋼架書塔

看來平凡無奇的外觀，僅一方鏽痕斑斑，上頭字跡浮凸，和教堂的舊泥磚色形成強烈對比。做成書卷形狀的赭紅色入口，好似歡迎全世界旅人一同來場書卷饗宴。

隨著進出人群，一腳踏進門內，隱身在拱廊後的景像真是別有洞天。迎面而來的不是神像與十字架，而是一座置滿書籍的殿堂。天氣晴朗時，陽光便會透過偌大的玻璃窗照射進來，與內部的照明設計交融，將教堂穹頂的古老壁畫映出鮮明色彩。四周沉穩的黑色鋼製書架，與教堂石材的暖色調相互幫襯，剛柔並濟的氣勢，更添靈氣。

一樓左側的石壁上，可以觀看教堂年代最久遠、以中世紀哲學家聖湯瑪斯阿奎那（St. Thomas Aquinas）生活為題的十三世紀乾壁畫。或是抬頭看看那片十七世紀初繪製的拱頂畫，一邊翻閱書籍，感受美好的閱讀體驗。這裡曾是一座教堂，也是全世界最美麗的書店之一。

書店主要販售英文書籍，類型豐富，亦有少量的法、西、義文書籍。不只如此，每年還會舉辦簽書、講座、音樂、展覽等百場以上的活動，是城市中具代表的公共藝文空間。大書架分為三層樓陳列，有為行動不便的遊客打造的電梯，地下樓層也規劃了免費洗手間。

一樓以活潑方式陳列著多彩的裝飾，有文具、卡片與益智遊戲。還有後方的兒童圖書區的設計，中央是荷蘭出品的米飛兔大玩偶，亦提供座位給小朋友們閱讀。

斑駁不清的中世紀壁畫

兒童圖書區

新書一般陳列在一樓，三樓大多為二手書專區。雖然陳列書籍大多為荷蘭文，但走在其中，有種說不出的文青感。而且這裡更靠近頂棚的壁畫，雖已斑駁，卻充滿歷史痕跡。此刻已然遠離塵囂，少了喧嘩，多了靜謐。

三樓二手書專區

書店逛累了，就到原為祭壇處的 Coffeelovers 咖啡館坐坐吧，此處絕對是天堂書店中，最特別也最吸晴之處。在半圓形靠背的石牆上，高聳的教堂玻璃垂直而下，掛著不定期更換的畫作或藝術品，頗有文藝氣息。

新書陳列架前的買書人

最特別就是正中央那張十字架形狀的咖啡桌，上方為中古時期的吊燈，從二樓販售 CD 處向下望，環形燈泡有如天使般的光環，亦像灑落的光影，照亮閱讀與享用咖啡的人們，不知是否有身處天堂的感受？（哈，胡亂揣測中）若是周末假日來訪，想喝上一杯天堂咖啡，還得耐心等候，才得以享受這愜意的片刻！

教堂祭壇咖啡館

自書塔俯瞰教堂

 漫遊資訊

地址：Dominicanerkerkstraat 1,
　　　Maastricht
時間：週一 10:00-18:00，週二～
　　　六 9:00-18:00，週四至
　　　21:00，週日 12:00-18:00
　　　（咖啡館至 17:00）。
交通：距火車站步行約 15 分鐘。
備註：可刷卡，可拍照但勿用閃光燈。

 漫遊筆記

一樓：歷史、藝術、設計、漫畫、特
　　　價書、生活風格、兒童與青少
　　　年書籍、報章雜誌等。
二樓：CD、DVD、與音樂方面的書
　　　籍，另一半為經濟、語言、法
　　　律、管理與學習方面的書籍。
三樓：二手書和古董研究方面的書
　　　籍。

位於火車站對面的 Kaboom 旅館，占盡地利之便，對拉著大行李的我們來說是最好的選擇。這家新穎現代化的時尚旅店，有著獨特的設計，在城市裡擁有難得的空中花園，即便緊鄰餐廳和咖啡館，仍安靜無比。旅館所在區域是充滿流行色彩的維克區（Wyck），以其正統精品店和特色商店而聞名。附近不乏超市、蔬果店、烘焙坊及餐廳，步行至舊城中心也不過十分鐘。沿途景色怡人，不喜歡逛街的人也不會覺得無聊。

時尚旅館入口

占盡地利之便的可愛旅館

 漫遊資訊

地址：Stationsplein 1, Maastricht, Netherlands
交通：自火車站步行約 1 分鐘。（火車站對面）
電話：+31(0)433-253-340
E-mail：info@kaboomhotel.nl
房價：€158（家庭客房，4 張單人床帶市景）
另付：buffet 早餐 €15.5 / 人，環境維護費 €0.91
　　　城市稅 €3.84 / 人 / 晚。
內容：Shower + WC、暖氣、吹風機、電視及書桌；
　　　含 6% 增值稅、Free WiFi。
優點：有電梯，空間大，浴室寬敞，環境乾淨且安靜，地理位置佳，
　　　早餐豐盛好吃，服務不錯。
缺點：沒有電熱水壺。
備註：可刷卡。約 600 公尺處有付費停車場，僅限使用信用卡，飯店
　　　可給予 €1 的折扣。

旅館的外觀樸實，像具有歷史的建築，大門一開，每個人都眼睛發亮，現代化的設計原來就隱藏在門內。一樓空間除了櫃臺外，還有一間行李寄放室與一部電梯。透明玻璃門隔開了餐廳與咖啡館，牆上盡是天馬行空的粉筆塗鴉，以及掛滿小盆栽的綠色植物牆面。無怪乎在西元 2015 年，便榮獲荷蘭雜誌頒發的「年度最佳飯店概念獎」。由於旅館強調環保，故每個入住的旅客都得另付一筆環保費。

全天候接待櫃臺與個性塗鴉

一整面牆的植栽

有環保理念的旅館

榮獲 2015 年度最佳飯店概念獎

全館以靛藍和白色設計，從電梯到樓梯，一點也不馬虎。不論是裝飾走廊的燈，還是安全門上的圖示，都讓人忍不住會心一笑，頗對年輕人的胃。館方給了我們一間大坪數的家庭房，裡面有四張單人床，以半面牆分隔兩兩相對的床，一面有電視及書桌，兩邊都有市景及光線，白天非常明亮。

每張床邊都有插座及燈泡造型的床頭燈。不但房間空間大，就連浴室也很大，而且將廁浴分開成兩間，浴室中的雙槽雙鏡設計，真是深得我心。淋浴間的熱水也很順暢，有提供沐浴與洗髮備品，但求衛生起見，不提供個人用品。

看得懂這道安全門上的密碼嗎？

可旋轉的床頭燈與卡通版壁畫地圖

明亮又寬敞的浴室

第一次看到旅館規則是和壁紙溶合粘貼牆上，幽默的口吻真是讓人莞爾，其中幾項說明挺有趣的：

　　「彈跳城堡？不，這是您的床，一張很棒的床。願您睡個好覺。」哈哈，大概是預防小孩玩起跳跳樂吧。不過也得要有大人閱讀到這條說明，才有可能制止孩子們的脫序行為呀！

　　「如果您不想被打擾，只需將這把金槍掛在門外即可。有沒有覺得自己像極了詹姆士龐德（007）？」每間房內的桌上都有一把如真槍大小的金色木槍，上面掛著一張紙卡，意思就是：如果你敢打擾我，我就要你好看…。喜歡嗎？付歐元就可以帶回家。這裡的大小擺飾，包括KUSO名畫的圖框，也能買回家。

　　「我知道有時候很難離開舒適的床，但請在明日上午11點前辦理退房，如果您仍在馬斯垂克旅行，可以將行李寄放櫃臺。」這是旅館貼心的服務，不是將行李隨便放在櫃臺或大廳，而是有個專門放行李的小房間，早到的旅客也能先行存放。

喜歡可以買回家

「別再看了，享受當下的時光吧！」呵呵～想說牆上的鐘怎麼沒有指針呢？就只有這兩行字，提醒我們要活在當下，別被時間牽著鼻子走。的確，馬斯垂克是如此令人鍾愛的城市，雖說飯店有免費網路，但怎捨得讓時間在「滑手機」中流逝！快快出門瀏覽城市之美才是。

飯店設有二十四小時的接待櫃檯，隨時可以辦理入住和退房手續，還有提供地圖與諮詢服務。若想和其他住客交流，空中花園是個理想的好去處。不只是花園而已，白色木椅就置放在庭院空間，勿以為是吸煙區，旅館可是嚴重警告癮君子，若在館內抽煙，將被收取每人每日一百歐元的代價。畢竟這是一家講求環保的旅館，這也是我們想大力推薦的原因之一。

漫遊筆記

透過 Nina 的專屬連結「好友同享」訂房回饋（$500）

空中交誼廳

各國美食解鄉愁的 Dadawan

「DADAWAN」（大大碗）融合東西方，再加上一個特大碗的招牌，就像咱們俗稱的「俗擱大碗」之意。

寬敞的用餐空間

餐廳就位於 Kaboom 旅館的隔壁，也是提供住宿旅客享用早餐的地方。餐點內容有西式也有亞洲美食，空間非常寬敞與舒適，亦提供外帶服務。乍看下以為是家氣氛不錯的咖啡廳，柔和的光線與不同方式呈現的座椅，開放式的廚房與酒吧，即使不點餐，餐廳也非常樂意提供現煮咖啡、雞尾酒與葡萄酒，讓輕鬆的氛圍，洗去一日的疲勞。

餐廳亦附設酒吧

有英文版的菜單同時也有附圖，點餐不是問題。從西式牛排，到日式壽司，還有中式的麵飯料理，甚至是韓式拌飯及泰式咖哩等，也有蔬食料理。

 美食餐訊

營業時間：週一 16:00-22:00，週二～日 12:00-22:00。
地址：Spoorweglaan 1, Maastricht, Netherlands
預約電話：+31(0)432-041-080
E-mail：maastricht@dadawan.nl
交通：距火車站步行約 1 分鐘。
備註：可刷卡，不收服務費。

選項眾多，應有盡有，讓在歐洲旅行半個月的我們，感到非常興奮。我們決定選擇不同種類的餐點，然後再來相互分享。

由於是現點現做比較耗時，但幸好我們選擇在當地人的晚餐前享用，待啤酒上桌後沒多久，熱騰騰的餐點就上桌了。幫我們點餐的是一位來自中國的年輕女孩，笑容可掬，有問必答，在她的推薦下，我們點了鐵板牛排、鐵板羊小排、韓式石鍋雞肉拌飯、烤牛里脊肉拉麵。

鐵板系列皆有附荷蘭薯條、美乃滋醬及蛋沙拉。鐵板上除了肉品外，還有大蘑菇與蔬菜一起滋滋作響。照燒醬的口味不會過鹹，搭配啤酒真是一絕。石鍋拌飯有滿滿的蔬菜，醃製過的烤雞搭配 DADAWAN 醬，也是相當美味，不過給的兩小碟配菜都是醃漬物，正好我們都不愛。傑佛瑞說他不太餓，所以點了一碗日式拉麵，這里脊肉還是先烤後再切片的，麵條表現中規中矩，小菜也只是比起石鍋拌飯多了一碟泡菜，對於胃口不大的人來說，剛剛好。

這裡也有招牌龍蝦漢堡餐（半隻），一客約莫新臺幣八百元上下。整體來說餐點表現不差，但由於廚房是開放式的，空氣中的油煙味兒稍嫌重了些，交談聲大了點，介意的人請跳過。不過這裡離火車站相當近，過個馬路就到了，實在是很好的餐廳選擇，在此推薦給大家。

DADAWAN 餐點表現不俗

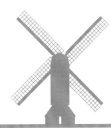

戀荷蘭的生活美學

荷蘭人的幽默在機場表露無遺

荷蘭，一個與海爭地的國家，一點一滴地建構出王國的版圖。大環境靠政府，小環境靠居民，在雙方齊心努力之下，處處充滿小巧思的設計，創造出與眾不同的生活美學。

從入境的那一刻開始，史基浦國際機場就像一座寶庫，將荷蘭的特色安插在各個角落，等著被旅人發現。但可惜的是，入境通常都只是通關、領行李，迫不及待想拜訪城市，也就不容易發現機場的小巧思，只能安排轉機或出境時間長一些，才有機會好好逛逛這個繁忙的國際機場。

機場內有個時鐘，裡面藏了個人，會挪動指針報時。初見時，看到鐘裡的人影，還以為自己眼花了。裡頭那個人伸個懶腰再繼續工作，不僅令人會心一笑，也讓轉機旅客不再那麼匆忙與無聊。

機場裡不乏廣告看板，但標語也充滿幽默，像是一張萬事達卡的廣告，背景是坐在船裡遊運河，上頭寫著：「Getting lost on the Canals, not in the currency. Priceless.」（迷失在運河上，而不是貨幣。無價。）荷蘭人真是幽默啊！據說他們從小學便開始學習如何講笑話，培養出樂觀天性與高度的幽默感。

還不只如此，就連小小如垃圾桶，也都充滿人性的幽默。丟垃圾時如果垃圾桶上方呈現綠燈，就會自動張開嘴巴，待丟入後指示燈會亮黃色，顯示：忙碌中，請稍候。是不是很有趣又很人性化的設計？

　　機場內不乏亮麗的「橙色」，這是荷蘭王國的象徵色彩，尤其到了每年的 4 月 27 日國王節，全國上下「橘成一片」的景象，包準令人難忘。想參加橘色派對狂歡者，一定要提早訂房訂票。

　　有些人愛逛免稅店血拼，有些人則喜歡靜態活動，荷蘭人設想周到，他們把圖書館和國家博物館都搬進了機場；把台夫特青花瓷做成供旅人休憩的茶壺與杯子；有如家具展示裡的客廳、餐廳也做成休息區；雲朵造型的燈管，搭配藍色飛機溜滑梯的兒童遊戲區；腳踏車變成高腳桌的桌腳；更貼心的在每一處座椅旁，提供充電用的插座，然後被美食和景觀環繞的旅客，也忍不住買杯咖啡，選擇在喜愛的場景中，舒服地度過候機時間。

　　荷蘭人喜歡「拈花惹草」，家家戶戶都妝點得美麗非凡，不僅住的人舒心，也讓路過的人感到愉悅。花花草草的魔力，不容小覷。春夏是百花盛開的好時節，有多少人會為了鬱金香慕名而來？彩虹花田在眼前展開的盛況，去過的人嘖嘖稱奇，沒去過的則心嚮往之。

舒適的休息區

　　到了夏季，一朵朵繡球花聚集在一起，不甘於紅、白、紫的單調，紫紅、粉紅、粉藍、藍紫、粉白…都相互爭奇鬥豔，形成數大便是美的花園景觀，也成了旅人鏡頭裡最上相的模特兒。

　　進入秋冬之際，雖然沒有繁花盛開的嬌嬈模樣，枝葉由綠轉黃，直到剩下枯枝，亦

腳踏車是荷蘭人生活上不可或缺的交通工具

生活美學處處可見

在藍天下挺直腰桿，靜待來年的重生。此刻，沒了茂密的樹葉遮蔽，反而讓城市線條鮮明，看得更加清楚。

走在車水馬龍的城市裡，路過一座座橫跨運河的橋樑，橋上攤位販售的不是飲食，而是鮮花。總看到提著公事包的男人（應該是剛下班）走進攤位詢問，然後抱著美麗的花束，滿心愉悅地離去⋯忍不住猜想，是送給另一半？還是為居家妝點一些色彩呢？無論答案為何，相信幸福感與心情指數絕對是 UP、UP！荷蘭人愛生活，享受生活，讓美好的事物充滿生活，也讓旅人無時無刻都能感受到他們的生活美學。

荷蘭人愛「拈花惹草」

國家圖書館出版品預行編目資料

從「荷」說起，漫遊荷蘭 / Nina, 超大翻譯機 文.
-- 初版. -- 臺北市：華成圖書, 2019.02
面；　公分. --（自主行系列；B6212）
ISBN 978-986-192-340-6（平裝）

1. 自助旅行 2. 荷蘭

747.29　　　　　　　　　　　　　107022500

自主行系列　B6212

從荷說起，漫遊荷蘭

作　　者／Nina・超大翻譯機

出版發行／ 華杏出版機構

華成圖書出版股份有限公司
www.far-reaching.com.tw
11493台北市內湖區洲子街72號5樓（愛丁堡科技中心）
戶　　名　　華成圖書出版股份有限公司
郵政劃撥　　19590886
e-mail　　huacheng@email.farseeing.com.tw
電　　話　　02-27975050
傳　　真　　02-87972007
華杏網址　　www.farseeing.com.tw
e-mail　　adm@email.farseeing.com.tw
華成創辦人　　郭麗群
發 行 人　　蕭聿雯
總 經 理　　蕭紹宏

主　　編　　王國華
特 約 編 輯　　發言平台創意整合有限公司
特約美術設計　　吳欣樺
美 術 設 計　　陳秋霞
印 務 主 任　　何麗英
法 律 顧 問　　蕭雄淋

定　　價／以封底定價為準
出版印刷／2019年2月初版1刷

總 經 銷／知己圖書股份有限公司
台中市工業區30路1號　　電話　04-23595819　　傳真　04-23597123

讀者線上回函
您的寶貴意見
華成好書養分